Jürgen Reimold

Konzeption eines Hypertext-Lernsystems und Validie

Basierend auf dem Themenbereich Netzplantechnik

Jürgen Reimold

Konzeption eines Hypertext-Lernsystems und Validierung

Basierend auf dem Themenbereich Netzplantechnik

Diplom.de

Diplomarbeiten Agentur

Wissensquellen gewinnbringend nutzen

Qualität, Praxisrelevanz und Aktualität zeichnen unsere Studien aus. Wir bieten Ihnen im Auftrag unserer Autorinnen und Autoren Wirtschaftsstudien und wissenschaftliche Abschlussarbeiten – Dissertationen, Diplomarbeiten, Magisterarbeiten, Staatsexamensarbeiten und Studienarbeiten zum Kauf. Sie wurden an deutschen Universitäten, Fachhochschulen, Akademien oder vergleichbaren Institutionen der Europäischen Union geschrieben. Der Notendurchschnitt liegt bei 1,5.

Wettbewerbsvorteile verschaffen – Vergleichen Sie den Preis unserer Studien mit den Honoraren externer Berater. Um dieses Wissen selbst zusammenzutragen, müssten Sie viel Zeit und Geld aufbringen.

http://www.diplom.de bietet Ihnen unser vollständiges Lieferprogramm mit mehreren tausend Studien im Internet. Neben dem Online-Katalog und der Online-Suchmaschine für Ihre Recherche steht Ihnen auch eine Online-Bestellfunktion zur Verfügung. Inhaltliche Zusammenfassungen und Inhaltsverzeichnisse zu jeder Studie sind im Internet einsehbar.

Individueller Service – Gerne senden wir Ihnen auch unseren Papierkatalog zu. Bitte fordern Sie Ihr individuelles Exemplar bei uns an. Für Fragen, Anregungen und individuelle Anfragen stehen wir Ihnen gerne zur Verfügung. Wir freuen uns auf eine gute Zusammenarbeit

Ihr Team der *Diplomarbeiten* Agentur

Dipl. Kfm. Dipl. Hdl. Björn Bedey –
Dipl. Wi.-Ing. Martin Haschke ——
und Guido Meyer GbR ————

Hermannstal 119 k ————
22119 Hamburg ————

Fon: 040 / 655 99 20 ————
Fax: 040 / 655 99 222 ————

agentur@diplom.de ————
www.diplom.de ————

Zusammenfassung

Diese Arbeit präsentiert eine Konzeption für ein Hypertext-Lernsystem, die einen Hypertext-Autoren zu systematischem Arbeiten anhalten soll. Die Konzeption umfaßt alle Teilaspekte, die bei der Entwicklung eines Hypertext-Lernsystems von Bedeutung sind. Die Inhalte der einzelnen Komponenten der Konzeption sind nicht als Vorschriften aufzufassen, sondern als Hinweise, um damit ein gutes Design ermöglichen zu können. Diese Hinweise sollen helfen, die Kreativität und die Fantasie eines Hypertext-Autoren in die richtigen Bahnen zu leiten, so daß individuelle aber auch benutzerfreundliche Lernsysteme mit möglichst geringem Entwicklungsaufwand entstehen.

Dem Leser wird außerdem der Themenbereich Netzplantechnik mit den Schwerpunkten Ablaufplanung, Zeitplanung, Kostenplanung und Kapazitätsplanung vorgestellt. Das ist erforderlich, da im darauffolgenden Abschnitt die Validierung der Konzeption anhand eines Lernsystems für die Netzplantechnik erfolgt. So wird jedem die Möglichkeit an die Hand gegeben die Inhalte des Lernsystems zu verstehen und die Qualität der Umsetzung selbst zu beurteilen.

Bei der Validierung wird schließlich sehr ausführlich gezeigt, wie die einzelnen Komponenten der Konzeption angewendet wurden und insgesamt damit der Beweis erbracht, daß die Konzeption ihren Ansprüchen gerecht wird. Die tatsächliche Realisierung des Lernsystems erfolgte mit dem Autorensystem ASYMETRIX TOOLBOOK 3.0 und liegt in Form einer Diskette der Diplomarbeit bei.

Gliederung

Abkürzungsverzeichnis

ΔK	Kostenunterschied
ΔZ	Zinsersparnis
BASIC	Beginners All Purpose Symbolic Instruction Code
BP	Bedingt verfügbare Pufferzeit
c	Kostensteigerungsrate
D	Dauer
D_B	Dauer eines Vorgangs bei Beschleunigung
D_N	Dauer eines Vorgangs im Normalfall
DIN	Deutsches Institut für Normung
DOS	Disc Operating System
EDV	Elektronische Datenverarbeitung
F-Z	Fix-Abstand
FAZ	Frühester Anfangszeitpunkt
FEZ	Frühester Endzeitpunkt
FP	Freie Pufferzeit
GP	Gesamte Pufferzeit
HyT	Hypertext
ISO	International Standardisation Organisation
K_B	Kosten bei Beschleunigung eines Vorgangs
K_N	Kosten eines normalen Vorgangs
m	Zeiteinheit
MA-Z	Maximalabstand
MCK	Mensch-Computer-Kommunikation
MI-Z	Minimalabstand
MS	Microsoft
NPT	Netzplantechnik
p	Zinssatz pro Zeiteinheit
PC	Personal Computer
SAZ	Spätester Anfangszeitpunkt
SEZ	Spätester Endzeitpunkt
UP	Unabhängige Pufferzeit
VGA	Video-Graphic-Adapter
WWW	World Wide Web

1 Einleitung

Hypertext-Lernsysteme bieten Möglichkeiten mit denen Lernstoff mit noch nie dagewesener Flexibilität und Anschaulichkeit vermittelt werden kann. Dies wird einerseits erreicht, durch das Aufbrechen linearer Strukturen, wie man sie zum Beispiel aus Büchern kennt, und andererseits durch die Einbindung von immer mehr Medien, wie zum Beispiel Video, Ton, Sprache. Der Einsatz mehrerer Medien sowie die Hypertext-Struktur stellen zwar ganz neue Möglichkeiten zur Verfügung, bringen aber auch Probleme mit sich. So ist es durchaus keine triviale Angelegenheit, Orientierung und Navigation in einem nicht-linearen Hypertext-Dokument zu ermöglichen. Dazu sind leistungsstarke Werkzeuge erforderlich. Diese Werkzeuge sollten aber in ihrer Anwendung so einfach wie möglich sein und den Benutzer auf seinem Weg durch das Lernsystem unterstützen.

Trotz oder gerade wegen der vielfältigen neuen Möglichkeiten, die Hard- und Software heute zur Verfügung stellen, muß um so mehr darauf geachtet werden, daß es nicht zu einer reinen Effekthascherei kommt. Ein sinnvoller Einsatz der verschiedenen Medien und eine sinnvolle Hyperstruktur stellen die Grundvoraussetzung für ein pädagogisch gutes Hypertext-Lernsystem dar.

1.1 Warum eine Konzeption für ein Hypertext-Lernsystem?

Joachim HASEBROOK bemängelt[1], daß Hypertext-Lernsysteme im Ausbildungsbereich häufig nur am Rande und mit unzureichenden Geräten und Programmen eingesetzt werden. Dabei ist zu unterscheiden, ob Geräte und Programme prinzipiell nicht geeignet sind, das Wissen in der erforderlichen Weise zu präsentieren, oder ob sie es lediglich auf ungeeignete Art und Weise tun. Trifft letzteres zu, kann es daran liegen, daß die Hypertext-Struktur für einen Lernenden häufig nur schwer nachvollziehbar ist und die Bedienung des Lernsystems entscheidende Mängel aufweist. Einer der Gründe dafür ist, daß die Autoren dieser Hypertext-Lernsysteme häufig nicht den Anforderungen eines Information Designers oder Interface Designers gerecht werden, sie sind vielmehr nur Spezial- isten auf ihrem Fachgebiet.[2] Dabei erfordert gerade die Implementierung eines Hypertext-Lernsystems ein sehr heterogenes Projektteam[3] oder der Hypertext-Autor muß alle erforderlichen Fähigkeiten in sich vereinen, was nur selten der Fall ist. Dabei ist fundiertes Wissen aus den Bereichen Lernpsychologie, Grafik- Design, Hypertext-Design, Interface-Design und oftmals auch noch aus dem Bereich Programmierung erforderlich.

Die hier vorgestellte Konzeption soll all den Hypertext-Autoren als Leitfaden dienen, die sich in den aufgeführten Wissensgebieten nicht heimisch fühlen oder auch nur eine methodische Vorgehensweise zur Entwicklung eines Lernsystems suchen.

---

[1] Vgl. J. Hasebrook: " Multimedia Psychologie", 1995, S. 172
[2] Vgl. K. Väänänen: " Metaphor-based User Interfaces for Hyperspaces", 1995, S. 70
[3] Vgl. P. A. Gloor: "Hypermedia - Anwendungsentwicklung", 1990, S. 51

1.2 Zielsetzung

Ziel dieser Arbeit ist eine Konzeption, die alle Aspekte, die beim Entwurf eines Hypertext-basierten Lernsystems von Bedeutung sind, berücksichtigt. Diese Konzeption wird kein 'Kochrezept' sein, das automatisch zu einem guten Lernsystem führt, sondern sie soll dem Hypertext-Autoren prinzipielle Hinweise geben, die seine Kreativität und Fantasie in die richtigen Bahnen leiten, ohne daß er dabei einen wesentlichen Punkt unberücksichtigt läßt. Alle angesprochenen Aspekte werden in einer bestimmten Reihenfolge vorgestellt. Diese Reihenfolge ist im allgemeinen sinnvoll, sie kann in einem speziellen Fall durchaus verändert werden.

Die Validierung der Konzeption wird anhand eines Lernsystems für den Themenbereich Netzplantechnik zeigen, daß die hier vorgestellte Konzeption die an sie gerichteten Anforderungen erfüllt. Die Umsetzung von einer konventionellen und sequentiellen Wissensrepräsentation (vgl. Kapitel 3) in ein Hypertext-Lernsystem kann dabei Schritt für Schritt verfolgt werden. Die Entwicklung dieses Lernsystems ist als die erste beispielhafte Implementierung anzusehen, die zeigt, daß die hier vorgestellte Konzeption zu besseren Hypertext-Lernsystemen führen kann und wie ein solches Lernsystem dann aussieht.

1.3 Begriffe und Definitionen

Folgende Begriffe und Definitionen werden zum besseren Verständnis und zur Vorbeugung gegen eventuelle Mißverständnisse so verdeutlicht, wie sie im Rahmen dieser Arbeit Verwendung finden.

Hypertext (HyT):

Benutzung und Verarbeitung von vernetzt gespeicherten Texten und Grafiken.[4] Mit Hilfe von Links kann direkt von einem Text-Block zum anderen gesprungen werden. Damit wird die Fähigkeit des menschlichen Gehirns, Informationen sprunghaft zu verarbeiten, auf dem Computer nachgebildet.[5]

Hypertext-Autor:

Person, die eine Hypertext-Anwendung entwirft und implementiert. Im folgenden werden die Begriffe Hypertext-Autor und Autor synonym verwendet.

Hypertext-Lernsystem:

Computer-basiertes Lernsystem, das auf einer Hypertext-Struktur beruht. Im folgenden werden die Begriffe Hypertext-Lernsystem und Lernsystem synonym verwendet.

4 Vgl. G. Fuchs: "Dialog-Anwendungen Teil II", SS 1995
5 Vgl. P. A. Gloor: "Hypermedia - Anwendungsentwicklung", 1990, S. 3

1.4 Randbedingungen

Da in den letzten Jahren ein starker Trend in Richtung Multimedia festzustellen ist und moderne Autorensysteme immer mehr diesem Trend folgen, besteht zunehmend die Neigung nicht mehr von Hypertext, sondern von Hypermedia zu sprechen. Dabei handelt es sich aber nicht um eine grundlegend neue Darbietungsform von Informationen, sondern lediglich um eine Erweiterung der bekannten Hypertext-Konzepte. In dieser Arbeit wird grundsätzlich der Begriff Hypertext verwendet, auch dann, wenn es um die Integration von Grafik, Ton, Animationen und Videosequenzen geht.

Gesichtspunkte, die sich speziell um den Themenbereich Hypermedia drehen werden nicht behandelt, da sie den Umfang dieser Arbeit sprengen würden. Es wird allerdings darauf hingewiesen, daß es hier noch ein riesiges Potential an unbeantworteten Fragen gibt, deren Bearbeitung sicherlich noch zahlreiche wissenschaftliche Arbeiten füllen wird.

Der Themenbereich Netzplantechnik orientiert sich, so wie er in Kapitel 3 vorgestellt wird, inhaltlich am Vorlesungskript 'Netzplantechnik' von Professor Doktor Oleg Taraszow (Stand: September 1995). In diesem Umfang wird die Thematik dann auch zur Validierung der Konzeption in das Lernsystem Netzplantechnik eingehen.

2 Konzeption für ein Hypertext-Lernsystem

Das Wort Konzeption kommt aus dem Lateinischen und bedeutet laut DUDEN Fremdwörterbuch "klar umrissene Grundvorstellung, Leitprogramm, gedanklicher Entwurf".[6] Um aber eine klar umrissene Grundvorstellung von einem Lernsystem zu erhalten, muß dem Autor bekannt sein, welche Punkte er zu berücksichtigen hat. Denn hier geht es um weit mehr, als um grundlegende Kenntnisse des zu vermittelnden Stoffgebiets und die Auswahl der richtigen Hard- und Software. Eine Analyse der Benutzergruppe, pädagogische Gesichtspunkte, Layout-Gestaltung nach Gesichtspunkten der Wahrnehmungslehre, Bereitstellung starker und geeigneter Navigationswerkzeuge und die Unterstützung bei der Orientierung im Lernsystem sind mindestens genau so wichtig.

Die im folgenden vorgestellte Konzeption berücksichtigt all diese Teilaspekte und versucht auch dem Leser, ihre grundlegende Bedeutung nahe zu bringen.

2.1 Lernziele

Die erste Aufgabe bei der Entwicklung eines Hypertext-Lernsystems ist es festzustellen, welche Lernziele verfolgt werden sollen. Dazu muß der Autor eine Antwort finden auf die Frage, wozu der Lernende in der Lage sein soll, nachdem er das Lernsystem benutzt hat, oder welche Qualifikationen der Lernende erreichen sollte, mit Hilfe des Lernsystems?

2.2 Stoffgebiet klären und abgrenzen

Prinzipiell kann jede Information, die auf Papier darstellbar ist, auch in ein Hypertext-Dokument umgesetzt werden. Darüberhinaus können aber auch noch Informationszusammenhänge und Darbietungsformen gewählt werden, die mit herkömmlichen Mitteln nicht möglich sind. Damit sind vor allem animierte Schaubilder, die Integration von Video- und Tonsequenzen und alle Möglichkeiten, die erst durch ein nicht-lineares Dokument entstehen, zu verstehen.

Der Hypertext-Autor muß sich Klarheit darüber verschaffen, welche Lerninhalte erforderlich sind, um die geforderten Lernziele erreichen zu können. Dazu ist genau festzustellen, welchen Lernstoff das Lernsystem enthalten soll. Das erfordert auf der einen Seite eine präzise Festlegung des zu verwendenden Lernstoffs und andererseits auch eine klare Abgrenzung gegenüber dem Lernstoff, der nicht in das Lernsystem integriert werden soll. Erst nach Abschluß dieses Arbeitsganges läßt sich auch eine zuverlässige Aussage über den Umfang des Lernstoffs machen.

---

[6]   Vgl. Drosdowski, G.: "DUDEN Fremdwörterbuch", 1982, S. 423

2.3 Benutzeranalyse

Eine der wichtigsten Personengruppen beim Entwurf eines Lernsystems ist auf jeden Fall die Gruppe der späteren Benutzer. Um grundsätzliche Informationen für das spätere Design zu erhalten, ist es nötig herauszufinden, über welche Vor -aussetzungen diese Gruppe verfügt und zu welchem Zweck sie das Lernsystem nutzen wird .

Die Gruppe der Benutzer läßt sich in Skilled Learners und Unskilled Learners einteilen, was etwa mit erfahrenen und unerfahrenen Lernenden übersetzt werden kann. Dabei bezieht sich die Erfahrung auf den Umgang mit Computern im allgemeinen und mit Hypertext-Systemen im besonderen. Weiterhin muß noch unterschieden werden, ob es sich bei den Benutzern um Learner oder Relearner handelt. Unter Learner versteht man in diesem Zusammenhang Personen, die zum ersten mal mit dem Stoff, den das Lernsystem vermitteln will, konfrontiert werden. Relearner sind im Gegensatz dazu mit dem Lehrstoff schon vertraut und benutzen das Lernsystem nur zum Auffrischen, zum Nacharbeiten oder Vertiefen ihres Wissens.[7]

Bei der Analyse der späteren Benutzergruppe wird man fast immer feststellen, daß mehrere der oben aufgeführten Benutzerkategorien oder vielleicht sogar alle vertreten sein werden. Jede muß aber berücksichtigt werden, was sich auf das Design des Lernsystem unmittelbar auswirkt.

Hat man es mit Unskilled Learners zu tun, die über wenig oder überhaupt keine Computererfahrung verfügen, so müssen Informationen über den Gebrauch von Maus, Tastatur, Windows, Befehlsschaltflächen, Menüs, sowie über andere grundlegende Elemente die für die Bedienung des Computers erforderlich sind, zur Verfügung gestellt werden.

Wird das Lernsystem von Unskilled Learners, Skilled Learners und/oder Learners benutzt, müssen die zu vermittelnden Lerninhalte in einer leicht nachvollziehbaren Abfolge präsentiert werden. Hier soll der Lernende nicht mit komplexen Navigationsoperationen belastet, sondern möglichst einfach durch das Lerngebiet geführt werden.

Der Relearner und eventuell auch der Skilled Learner wird das Vorhandensein komfortabler Navigationswerkzeuge zu schätzen wissen, mit denen er sich sehr schnell und effektiv an die Stellen des Lernsystems bewegen kann, die ihn besonders interessieren.

Zu berücksichtigen sind auch noch andere Faktoren, wie die Altersgruppe der Lernenden, deren Bildungsniveau, die Motivation der verschiedenen Benutzer-gruppen und das Umfeld in welches das Lernsystem später integriert werden soll.

---

[7]   Vgl. U. Glowalla: "An Evaluation Model Based on Experimental Methods Applied to the Design of Hypermedia User Interfaces", 1995, S. 107

6

Am Ende der Benutzeranalyse muß eine klare Vorstellung über die verschiedenen Benutzergruppen vorliegen. Wichtiger ist aber noch zu wissen, welche Ansprüche jede einzelne Benutzergruppe an das Lernsystem richten wird.

2.4 Entwurf der Hypertext-Struktur

Nach GLOOR läßt sich die Struktur von Hypertext-Dokumenten in vier verschiedene Kategorien einteilen.[8]

• unstrukturierte Dokumente

• sequentielle Dokumente

• hierarchische Dokumente

• netzwerkartig verknüpfte Dokumente

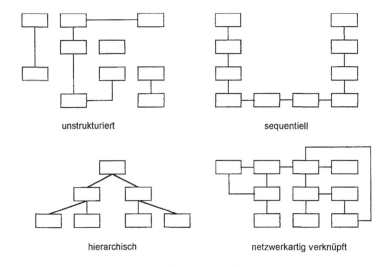

unstrukturiert   sequentiell

hierarchisch   netzwerkartig verknüpft

Abb. 1: Hypertext-Strukturen

Unstrukturierte Dokumente lassen sich vielleicht am besten mit einer Lose-Blatt-Sammlung vergleichen. Außer den über die Links realisierten Querverweise haben diesen Dokumenten keinerlei Struktur.

Bei sequentiellen Dokumenten existiert eine feste Abfolge der einzelnen Seiten, und es gibt zusätzliche Verbindungen, die aufgrund der vorhandenen Querverweise im Dokument zustande kommen.

---

[8]   Vgl. P. A. Gloor: "Hypermedia - Anwendungsentwicklung", 1990, S. 14

Hierarchische Dokumente sind dadurch gekennzeichnet, daß ihr Inhalt in verschiedenen Detailierungsstufen abgebildet wird. Je tiefer man die Hierarchie -ebenen hinabsteigt, um so detaillierter und spezifischer werden die Informationen.

Netzwerkartig verknüpfte Dokumente beinhalten schließlich die komplizierteste Struktur. Es handelt sich dabei um ungerichtete zyklische Graphen, die zu großen Orientierungsschwierigkeiten im Hypertext-Dokument führen können.[9]

Für welche Struktur sich der Autor entscheidet hängt wohl maßgeblich von den bisherigen Erkenntnissen über Stoff, Stoffumfang, Benutzergruppe und Benutzerbedürfnisse ab. Nicht aus den Augen verlieren sollte man aber auch immer die Tatsache, daß der spätere Benutzer mit dieser Struktur zurechtkommen muß. Das bedeutet einerseits, daß die Komplexität der Struktur vor dem Benutzer verborgen bleiben sollte und andererseits, daß der Benutzer sich jederzeit Klarheit darüber verschaffen kann, an welcher Stelle im Lernsystem er sichbefindet.

Eine durchaus zweckmäßige Entscheidung können auch gemischte Strukturen sein. So ist es ohne weiteres denkbar, eine übergeordnete hierarchische Struktur zu verwenden, die auf tieferen Stufen zu verschiedenen Schwerpunkten eines Lerngebiets führt. Diese Schwerpunkte sind dann zum Beispiel wiederum sequentiell strukturiert.

2.5 Benutzerschnittstelle - Interface

Über die Benutzerschnittstelle erfolgt der Dialog zwischen Lernsystem und Benutzer (vgl. Abb. 2). Ihr Design und die durch sie zur Verfügung gestellten Dialogmöglichkeiten entscheiden mitunter auch über die Qualität des Lernsystems.

| Benutzer | Benutzerschnittstelle | Lernsystem |

Abb. 2: Benutzerschnittstelle

---

[9] Vgl. P. A. Gloor: "Hypermedia - Anwendungsentwicklung", 1990, S. 14-15

2.5.1 Grundsätze der Dialoggestaltung

Der großen Bedeutung, die der Mensch-Computer-Kommunikation (MCK) beigemessen wird, wird auch durch das Vorhandensein entsprechender Normen Rechnung getragen. Die Norm DIN 66234 Teil 8 enthält fünf Dialogprinzipien[10], die später in die Richtlinie ISO 9241 Teil 10 eingingen und dabei noch um zwei weitere Punkte erweitert wurden.[11]

Die nun insgesamt sieben Dialogprinzipien lauten:

• *Aufgabenangemessenheit*

"Ein Dialog ist aufgabenangemessen, wenn er die Erledigung der Arbeitsaufgabe des Benutzers unterstützt, ohne ihn durch Eigenschaften des Dialogsystems unnötig zu belasten."
Im Kontext eines Lernsystems bedeutet das, dem Benutzer müssen Dialogwerkzeuge zur Verfügung gestellt werden, die ihn möglichst schnell zu den Lerninhalten führen, die er benötigt.

• *Selbstbeschreibungsfähigkeit*

"Ein Dialog ist selbstbeschreibungsfähig, wenn dem Benutzer auf Verlangen Einsatzzweck sowie Leistungsumfang des Dialogsystems erläutert werden können und wenn jeder einzelne Dialogschritt unmittelbar verständlich ist oder der Benutzer auf Verlangen dem jeweiligen Dialogschritt entsprechende Erläuterungen erhalten kann."
Anzustreben ist also ein Zustand, bei dem weder ein Handbuch noch eine spezielle Schulung notwendig ist, um das System beherrschen zu können. Gerade bei einem Lernsystem, an dem sich die Benutzer weiterbilden oder ihr Wissen vertiefen wollen, erfolgt die Anwendung oft aus persönlicher Initiative und ohne vorherige Instruktion über ihre Funktionsweise.

• *Steuerbarkeit*

"Ein Dialog ist steuerbar, wenn der Benutzer die Geschwindigkeit des Ablaufs sowie die Auswahl und Reihenfolge von Arbeitsmitteln oder Art und Umfang von Ein- und Ausgaben beeinflussen kann."
Den Eigenheiten der Benutzer muß auf jeden Fall Rechnung getragen werden, denn jeder Mensch hat sich beim Lernen bestimmte Verhaltensweisen angeeignet. Die Geschwindigkeit der Wissensrepräsentation, die Möglichkeit Lernstoff beliebig oft zu wiederholen und die Möglichkeit jede Stelle des Lernsystems direkt erreichen zu können, stellen fundamentale Bestandteile der Steuerbarkeit dar.

[10]   Vgl. A. Zeidler: "Software-Ergonomie", 1992, S. 154
[11]   Vgl. G. Fuchs: "Dialoganwendungen Teil I", SS 94, S. 32

• *Erwartungskonformität*

"Ein Dialog ist erwartungskonform, wenn er den Erwartungen der Benutzer entspricht, die sie aus Erfahrungen mit Arbeitsabläufen oder aus der Benutzerschulung mitbringen sowie den Erfahrungen, die sie sich während der Benutzung des Dialogsystems im Umgang mit dem Benutzerhandbuch bilden. Das Dialogverhalten innerhalb eines Dialogsystems soll einheitlich sein. Uneinheitliches Dialogverhalten würde den Benutzer zu starker Anpassung an wechselhafte Durchführungsbedingungen seiner Arbeit zwingen, das Lernen erschweren und unnötige Belastung mit sich bringen." Erwartungskonformität bedeutet, daß der Benutzer immer auf bereits bekannten Vorstellungen, Denkmustern, auf Vertrautem und Gewohntem aufbauen kann. Konkret heißt das, daß bestimmte Aktionen immer auf dieselbe Art und Weise auszuführen und Erfahrungen und Kenntnisse aus der realen Welt oder anderen EDV-Anwendungen zu übernehmen sind. Somit lassen sich die folgenden drei Ziele erreichen:[12]

1) *Verringerung des Lernaufwands*
2) *Vermeidung von Fehlbedingungen*
3) *Erhöhung der Sicherheit des Benutzers und damit der Akzeptanz des Systems durch den Benutzer*

• *Fehlerrobustheit*

"Ein Dialog ist fehlerrobust, wenn trotz erkennbar fehlerhafter Eingaben das beabsichtigte Arbeitsergebnis mit minimalem oder ohne Korrekturaufwand erreicht wird. Dazu müssen dem Benutzer die Fehler zum Zwecke der Behebung verständlich gemacht werden." Jeder Benutzer macht Fehler, unabhängig davon ob er Laie oder Experte ist. Fehler im Dialog entstehen aus Unkenntnis oder aus mangelnder Aufmerksamkeit. Sobald durch das System ein Fehler entdeckt wird, muß er nicht nur dem Benutzer mitgeteilt werden, sondern der Benutzer muß auch Informationen über die Art des Fehlers erhalten. Denn nur so ist gewährleistet, daß dieser Fehler in Zukunft vermieden werden kann. Nach dem Erkennen des Fehlers sollte dieser dann mit möglichst geringem Aufwand durch den Benutzer, besser noch durch das Lernsystem selbst behoben werden.

• *Erlernbarkeit*

Erlernbarkeit bedeutet, daß eine praktikable Methode zum Erlernen der Dialogeigenschaften des Lernsystems angeboten wird. Vorstellbar ist hier eine entsprechende Einführung in Form eines Benutzerhandbuchs und/oder die Integration der dafür benötigten Informationen in das Lernsystem.

---

[12] Vgl. A. Zeidler: "Software - Ergonomie", 1992, S. 172

• *Individualisierbarkeit*

Schon weiter oben wurde darauf hingewiesen, daß jeder Lernende sich individuelle Verhaltensweisen bei der Wissensaneignung erarbeitet hat. Bei der Individualisierbarkeit wird noch ein Schritt weiter gegangen, hierbei soll es jedem Einzelnen überlassen bleiben, wie er seinen Dialog mit dem Lernsystem gestaltet.

2.5.2 Navigation und Orientierung

Der Einsatz von Hypertext-Dokumenten läßt völlig neue Probleme entstehen, die in konventionellen Informationsmedien wie Büchern und Fachzeitschriften nicht aufgetreten sind. Verursacht wird dies oftmals durch die nicht-lineare Struktur von Hypertext-Dokumenten. So müssen durch den Aufbau komplexer Hyperstrukturen Begriffe wie 'vorherige Seite' oder 'folgende Seite' eventuell völlig neu definiert oder völlig vermieden werden. Durch die Nicht-Linearität treten für den Autor wie auch für den Benutzer große Probleme auf. So ist es nicht einfach, sich einen Überblick über das gesamte Hypertext-Dokument zu verschaffen und es besteht immer die Gefahr, die Orientierung im Lernsystem zu verlieren. Dieser Effekt wird in der Literatur als "Lost in Hyperspace"[13] bezeichnet.

Um diesem Problem entgegenzuwirken, muß es dem Benutzer immer, ohne größeren Aufwand zu betreiben möglich sein, Antworten auf die folgenden Fragen zu erhalten:

• Where am I?

• Where was I?

• Where can I go now?[14]

Sobald der Benutzer aber seine Position im Hypertext-Dokument ermittelt hat. müssen ihm komfortable Werkzeuge zur Verfügung stehen, damit er sich möglichst einfach und schnell zu seinem gewünschten Zielpunkt bewegen kann.

Im folgenden werden nun Konzepte und Werkzeuge vorgestellt, die eine komfortable Navigation und Orientierung in Hypertext-Dokumenten unterstützen.

[13] Vgl. D. M. Edwards: "Lost in Hyperspace", 1989
[14] Vgl. S. J. Love: "Design techniques for Ensuring Structure and Flexibility in a Hypermedia Environment", 1991

2.5.2.1 Inhaltsübersicht

Eine Inhaltsübersicht sollte immer nach dem Start eines Hypertext-Lernsystems angezeigt werden. Dabei dürfen zur Wahrung der Übersichtlichkeit und aufgrund des begrenzten Platzes auf dem Bildschirm zuerst nur die verschiedenen Kapitel-überschriften präsentiert werden. Erst durch Auswahl eines Kapitels erhält man nähere Informationen über dessen Inhalt. Jedesmal wenn man sich ein Kapitel oder einen Teil davon angeschaut hat, sollte dieser Punkt auf der entsprechenden Übersicht mit einer Markierung gekennzeichnet werden. So ist es möglich den Überblick über bereits besuchte Seiten und Kapitel zu bewahren.

2.5.2.2 Guided Tour

"Eine Guided Tour ist ein fest vorgegebener Weg durch ein Hyperdokument. Damit ist sie besonders geeignet für den erstmaligen Leser eines Dokuments, um ihm Navigationsprobleme zu ersparen."[15]

Die Struktur von Guided Tours entspricht häufig der von sequentiellen Dokumenten. Der Benutzer bewegt sich normalerweise durch Betätigen von Befehls-schaltflächen entlang eines vorgezeichneten Weges. So ist es möglich, größere zusammenhängende Informationseinheiten zu präsentieren, wobei die Navigation extrem einfach zu bewerkstelligen ist und die Orientierung entlang des 'Lern-pfades' stattfinden kann. Guided Tours sind ideal für unerfahrene EDV-Benutzer und zur Vermittlung von neuen Lerninhalten geeignet.

2.5.2.3 Map - Übersichtskarte

Einer Map liegt die Idee einer Landkarte zugrunde, durch die sich der Lernende bewegen kann. Dabei stellen die Seiten die Orte dar, die besucht werden können und die Verknüpfungen entsprechen den Straßen auf der Karte. Es ist auch vorstellbar Karten mit unterschiedlicher Detailgenauigkeit zu verwenden (z. B. Deutschlandkarte, Karte von Hessen, Stadtplan von Fulda). Diese entsprächen dann Maps auf unterschiedlichen Hierarchiestufen (Gesamtüberblick, Kapitel-überblick). Natürlich wird man beim Aufruf einer Map für ein Lernsystem keine Landkarte erwarten, sondern einen ungerichteten Graphen, wobei die Knoten den Kapiteln oder Seiten und die Kanten den Links entsprechen (vgl. Abb. 3).

---

[15] Vgl. P. A. Gloor: "Hypermedia - Anwendungsentwicklung", 1990, S. 145

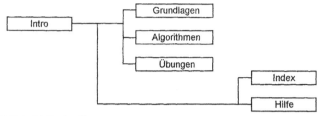

Abb. 3: Beispiel für eine Map

Maps stellen hervorragende Orientierungshilfen dar. Zum einen kann man sich mit ihnen relativ schnell und unkompliziert einen Überblick verschaffen, zum anderen läßt sich durch eine geeignete Markierung auch sehr einfach die eigene Position im Hypertext-Dokument feststellen. Weiterhin können durch Markierungen auch die bisher besuchten Kapitel und Seiten des Lernsystems kenntlich gemacht werden, so daß wiederholtes Besuchen derselben Kapitel und Seiten vermieden werden kann.

Bei der Navigation können Maps dazu dienen, z.B. die durch Guided Tours vorgeschriebenen Wege zu verlassen und direkt an die Stellen des Lernsystems zu verzweigen die von Interesse sind. Zu diesem Zweck müssen die dargestellten Knoten beim Anklicken durch ein geeignetes Zeigeinstrument (z.B. Maus) in der Lage sein, zu dem entsprechenden Kapitel oder der entsprechenden Seite, zu verzweigen. Maps stellen somit, besonders für Skilled Learner und Relearner ein starkes Navigationswerkzeug dar.

Das grundlegende Problem bei Maps wird aber immer die begrenzte Bildschirmgröße bleiben, denn grafische Übersichten können sehr schnell sehr groß werden. Schon aus diesem Grund empfiehlt es sich, die Hypertext-Struktur auf mehrere Teil-Maps zu verteilen und darüber hinaus auch Maps mit unterschiedlichen Hierarchieebenen anzubieten, damit die Zusammenhänge im Lernsystem nachvollziehbar bleiben.

2.5.2.4 History

Die History oder Historie ist eine Liste, in der automatisch all diejenigen Seiten vermerkt werden, die der Benutzer bereits besucht hat. Dabei wird die Reihenfolge des Besuchens zur Bildung der Liste zugrunde gelegt und nicht etwa die Struktur des Hypertext-Dokuments.

Der eigentliche Wert der Liste entsteht aber erst durch die Möglichkeit, eine beliebige Seite aus ihr auszuwählen, zu der dann unmittelbar verzweigt wird. Die History ist somit ein sehr starkes Werkzeug für das Backtracking.

2.5.2.5 Index

Auch ein Index, wie man ihn aus Büchern kennt, stellt ein starkes Navigationswerkzeug dar. Mit ihm kann sehr schnell und effektiv an bestimmte Stellen des Lernsystems verzweigt werden. Dabei muß man sich nicht einmal eine Seitenzahl merken oder im Hypertext-Dokument herumblättern, sondern man wählt einfach den entsprechenden Eintrag im Index aus und verzweigt dadurch direkt auf die richtige Seite.

2.5.2.6 Lesezeichen - Bookmark

In Büchern verwendet man Lesezeichen, um zu einem späteren Zeitpunkt an einer bestimmten Stelle weiterlesen zu können. In Hypertext-Dokumenten verwendet man Bookmarks, um eine Stelle zu markieren, an der man später noch einmal ansetzen möchte. Dies kann aus unterschiedlichen Gründen erfolgen. Zum einen besteht trotz starker Navigations- und Orientierungswerkzeuge immer noch die Gefahr, daß man sich im Dokument verirrt. Durch eine gesetzte Bookmark ist man immer wieder in der Lage, zu einer bekannten Seite zurückzukehren. Zum anderen kann man eine Bookmark setzen, um später den Lernstoff ab einem bestimmten Punkt noch einmal zu wiederholen oder das Lernsystem ab diesem Punkt in einer anderer Richtung durchzuarbeiten.

2.5.3 Hilfesystem

Ein Hilfesystem muß Bestandteil jedes Lernsystems sein, vor allem dann, wenn es weder eine Ansprechperson noch Handbücher gibt. Das Hilfesystem muß in der Lage sein, den Benutzer soweit zu unterstützen, daß er mit dem Lernsystem und dem Lernstoff keine nennenswerten Schwierigkeiten mehr hat. Voraussetzung dafür ist, daß das Hilfesystem immer und von jeder Stelle des Lernsystems aus aufrufbar ist.

Uwe SCHLÄGER unterscheidet vier verschiedene Arten von Hilfesystemen:[16]

• *Fachliche Hilfen*

Derartige Hilfesysteme enthalten weitergehende fachliche Informationen, die als Ergänzung oder als Nachschlagewerk zum eigentlichen Lernstoff genutzt werden können.

• *Funktionale Hilfen*

Funktionale Hilfen enthalten Informationen über die Systemfunktionen und deren Funktionsweise.

---

[16]   Vgl. U. Schläger: "Interaktionsebenen-Modell für Dialogsysteme", 1994, S. 204ff

- *Bedienungshilfen*

Unterstützen den Benutzer, wenn er keine oder nicht ausreichende Kenntnisse über die Bedienung des Lernsystems besitzt, wie dies z. B bei Unskilled Learners der Fall ist.

- *Operative Hilfen*

Operative Fehler entstehen durch ein Fehlverhalten des Benutzers (z.B. Tippfehler). Eine operative Hilfe kann darin bestehen, daß z.b. durch das Vorhandensein einer UNDO-Funktion die letzte oder die letzten paar durch den Benutzer verursachten Aktionen rückgängig gemacht werden können.

Zum Entwurf von Hilfesystemen bietet Klaus MEUSEL folgenden Konstruktionsplan an:[17]

- Festlegen der Zugangswege zum Hilfesystem, z.B. über ein Hilfemenü, einen Hilfebutton in einer Dialogbox oder eine kontext-sensitive Hilfe, die zu jeder identifizierbaren Komponente der Benutzerschnittstelle dem Benutzer mitteilt, was passiert, wenn er diese Komponente benutzt.

- Auswahl der Themen, die das Hilfesystem enthalten soll.

- Die einzelnen Themen müssen mit ihren jeweiligen Zugangswegen in Verbindung gebracht werden.

- Entwurf der globalen Hypertext-Struktur für das Hilfesystem. Die globale Struktur wird durch Hypertext-Teilnetze aufgebaut, dabei sollte ein Hilfethema einem Teilnetz entsprechen.

- Hilfetexte sollen wiederverwendet werden.

- Feststellen der Anzahl der Hilfetexte für jedes Hilfethema. Dabei ist jeweils die Vollständigkeit der Informationen gegenüber der Zeit ,um diese zu lesen, abzuwägen. Bei mehr als zehn Hilfetexten sollte man sich für eine weitere Aufspaltung des Themas entscheiden.

- Die Hilfetexte sind in einer hierarchischen baumartigen Struktur zu organisieren, vergleichbar der von wissenschaftlichen Texten.

- Festlegen der Anzahl der Hierarchiestufen.

- Festlegen der Hilfetexte für jedes Thema.

- Festlegen wie der Benutzer vollständige Informationen über ein Thema erhalten kann.

---

[17] Vgl. K. Meusel: " Facing Technical Documentation with Hypertext: Reflections on the Systematic Design, Construction and Presentation", 1995, S. 215ff

- Festlegen wie der Benutzer einen Überblick über die im Hilfesystem enthaltenen Informationen erhalten kann.

- Schreiben der Hilfetexte, incl. Schlüsselwörter, Links usw.

Im allgemeinen ist noch zu sagen, daß je komplexer und umfangreicher ein Lernsystem ist, desto höhere Anforderungen auch an das Hilfesystem gestellt werden.

Teile von Hilfesytemen sind ebenso als Hypertext-Dokumente darstellbar. Daraus resultieren dieselben Navigations- und Orientierungsprobleme wie beim eigentlichen Lernsystem. Um Hypertext-Unerfahrenen oder EDV-Laien trotzdem den Umgang mit dem Lernsystem näher bringen zu können, muß es dem Autor gelingen zumindest die Funktionsweise des Hilfesystems so zu präsentieren, daß die Benutzer sich selbst weiterhelfen können.

2.6 Seitenlayout

Bei der Gestaltung des Seitenlayouts geht es um den Entwurf einer geeigneten Metapher. "Ein Metapher ist ein in seinen Eigenschaften gut bekanntes System, wobei ein wesentlicher Teil der Eigenschaften denen eines neuen Systems entspricht um dem Benutzer bei seinen Assoziationen zur Wahrnehmung des Metaphers zu unterstützen. Als Metapherwelt wird eine Zusammenstellung aller Symbole für die Objekte und Prozesse eines Arbeitsbereichs, z.B. des üblichen Schreibtischs, bezeichnet."[18]

Welche Ziele mit einer Metapher verfolgt werden, wird von VÄÄNÄNEN sehr deutlich mit folgendem Satz wiedergegeben. "It is of a special interest to find appropriate metaphors that are concrete enough in their visual presentation, in order to let the user achieve rapid and intuitive understanding of the system functionality. Such metaphors can best be found in real-world domains."[19]

Um den Hypertext-Autor beim Entwurf einer Metapher zu unterstützen werden im folgenden zehn Gestaltungsrichtlinien und fünf Gestaltgesetze vorgestellt. Diese sollen den Autor beim kreativen Akt des Entwerfens Anhaltspunkte geben, die er nach Möglichkeit berücksichtigen sollte.

2.6.1 Gestaltungsrichtlinien

Zehn grundlegende Richtlinien zum Design des Seitenlayouts hat GLOOR in seinem Buch, "Hypermedia-Anwendungsentwicklung" von GOODMANN übernom- men.[20] Diese Design-Richtlinien, die er unter der Überschrift Bildschirmästhetik beschreibt, sollen nun im folgenden wiedergegeben und erläutert werden.

[18] Vgl. G. Fuchs: "Dialoganwendungen Teil II", SS 95, S. 158
[19] Vgl. K. Väänänen: "Metaphor-based User Interfaces for Hyperspaces", 1995, S. 71
[20] Vgl. P. A. Gloor: "Hypermedia - Anwendungsentwicklung", 1990, S. 43ff

1. *Halte den Bildschirm so einfach wie möglich!*

Man sollte zugunsten der Übersichtlichkeit immer den Grundsatz befolgen, so wenig wie möglich, aber so viel wie nötig! Der Benutzer will ja kein Suchspiel spielen, sondern Informationen über ein Lerngebiet erhalten.

2. *Stelle die Information in den Mittelpunkt!*

Die Verwendung von anderen Präsentationsformen als Text (Grafiken, Schaubilder, Animationen, Videosequenzen, Sound), sollten nur dann zum Einsatz kommen, wenn sie die Hauptinformation beinhalten (z. B. Bilder in einem Lernsystem über Kunstgeschichte) oder dem besseren Verständnis (Ein Bild sagt oft mehr als tausend Worte!) dienen können.

3. *Wähle die Bildschirmschriftarten sorgfältig!*

Man sollte die Bildschirmschriftarten nicht nur sorgfältig auswählen, sondern sich nach Möglichkeit auch nur auf sehr wenige, schnörkellose, einfache Schriften beschränken. Bildschirme haben auch heute noch im Vergleich zu gedruckten Erzeugnissen eine relativ geringe Auflösung. Lesbarkeit muß daher das oberste Gebot sein.

4. *Passe die Grafiken dem Inhalt an!*

Bei Grafiken sollte man immer noch einmal überprüfen, ob sie auch genau das darstellen, was inhaltlich damit ausgesagt werden soll und ob sie im Einklang mit dem dazugehörigen Text stehen.

5. *Sei konsistent!*

Bei einem konsistenten Design ist es für den Benutzer einfacher, sich auf dem Bildschirm und im ganzen Hypertext-Dokument zurecht zu finden. Außerdem wird dadurch der Lernaufwand reduziert, denn man muß sich nur einmal mit den Elementen der Bedienung vertraut machen.

6. *Zeige dem Benutzer, wo er sich befindet!*

Von jeder Stelle des Hypertext-Dokuments aus muß es dem Benutzer möglich sein, sich zu orientieren. Er muß Antworten finden auf die Fragen. wo komm ich her, wo bin ich und wohin kann ich gehen?

7. *Beschrifte alle Dateneingabefelder!*

Kann der Benutzer irgendwelche Daten eingeben, so sollte man ihm auch mitteilen, welche Daten von ihm erwartet werden.

8. *Mache optimalen Gebrauch vom kostbaren Platz auf dem Bildschirm!*

Bildschirmplatz sollte nicht von irgendwelchen verzierenden, aber ansonsten nutzlosen, Elementen verschwendet werden. Die Texte und Grafiken des Lernstoffes sind wichtiger. Dies gilt besonders, wenn das Lernsystem mit einem 14"- oder 15"-Monitor auskommen muß.

9. *Benütze den ganzen Bildschirm!*

Die Bildschirmfläche sollte aber in jedem Fall so genutzt werden, daß sie weder leer noch überfüllt wirkt und es außerdem keine ungenutzten Bereiche gibt. Das gilt selbstverständlich auch für große 20"-Monitore.

10. *Verwende eigene Ideen!*

Diese Forderung wird nicht nur aus Urheberrechtsgründen aufgestellt. Gerade ein Hypertext-Autorensystem bietet eine Umgebung, die an Kreativität einer konventionellen Software-Entwicklungsumgebung bei weitem überlegen ist. Der Autor hat hier auf jeden Fall die Gelegenheit, aus einem guten Lernsystem ein sehr gutes Lernsystem zu machen.

2.6.2 Gestaltgesetze

Weitere Überlegungen zur Gestaltung des Seitenlayouts kommen aus der Wahrnehmungslehre. ZEIDLER führt in diesem Zusammenhang folgende Gestaltgesetze auf:[21]

• Logisch zusammenhängende Informationen sollen auch örtlich zusammen aufgeführt werden (Gesetz der Nähe).

• Ähnliche Informationen sollen ähnlich dargestellt werden, z.B. mit gleichem Datensatz, gleicher grafischer Ausgestaltung, wie Farbe, Umrandung... (Gesetz der Gleichheit)

• Unterschiedliche Information soll durch klare Konturen voneinander abgesetzt sein, z.B. durch klar ausgerichtete Zwischenräume, Trennlinien, Ausrichtung nach linker oder rechter Seite (Gesetz der guten Kontur, Gesetz der Geschlossenheit und Gesetz der Symmetrie).

• Gleiche bzw. ähnliche Information auf unterschiedlichen Formularen soll immer an der gleichen Stelle des jeweiligen Formulars auftreten (Ortscodierung).

• Die Information soll prinzipiell von links oben nach rechts unten ihrer Wichtigkeit und der Häufigkeit ihrer Verwendung entsprechend angeordnet sein.

[21] Vgl. A. Zeidler: "Software-Ergonomie", 1992, S. 52f

2.7 Hard- und Softwarebedarf ermitteln

Nachdem nun die Gestaltung des Lernsystems abgeschlossen ist, muß eine Plattform zur Realisierung gefunden werden. Häufig wird man sich aber auch hier zumindest teilweise mit bereits Vorhandenem abfinden müssen.

Bei der Hardware besteht heute ein breites und oft auch relativ preisgünstiges Angebot auf dem Markt. Probleme treten erst dann auf, wenn man möglichst exakt den Hardwarebedarf ermitteln möchte. Ein paar Anhaltspunkte dazu. können die Antworten auf die folgenden Fragen geben:

• Wieviel Hauptspeicher ist erforderlich?

• Welches externe Speichermedium soll verwendet werden?

• Welche Qualität soll die Bildschirmdarstellung haben (Auflösung, Bildschirmdiagonale etc.)?

• Welche Interaktionsinstrumente sind vorgesehen (Maus, Tastatur)?

• Welche Leistungsmerkmale muß der Computer aufweisen (Prozessortyp, Taktfrequenz etc.)?

• Welche Art von Computer soll verwendet werden (PC, Workstation etc.)?

• Wie läßt sich die Hardware in bereits vorhandene integrieren?

Es gibt heute auf dem Markt eine Reihe von Autorensystemen, die die Entwicklung von Hypertext-Dokumenten unterstützen. Jedes dieser Systeme hat seine ganz individuellen Stärken und Schwächen. Welches davon nun für die Entwicklung des eigenen Lernsystems besonders geeignet ist, läßt sich vielleicht anhand der folgenden Fragen etwas einfacher beantworten:

• Inwieweit unterstützt die Software die an das Lernsystem gestellten Forderungen?

• Wie hoch ist der Aufwand, um sich in das Autorensystem einzuarbeiten?

• Wie aufwendig ist die Realisierung eines Hypertext-Lernsystems, mit einem bestimmten Autorensystem?

• Wo liegen die Leistungsgrenzen des Autorensystems?

• Wie einfach lassen sich Aktualisierungen und Erweiterungen in einem bestehenden Lernsystem durchführen?

2.8 Lernstoffaufbereitung

Der Lernstoff muß nun so gestaltet werden, daß er die Vorteile der Hyperstruktur möglichst optimal ausnutzen kann. Das erfordert eine inhaltliche Neustrukturierung und eine optische Strukturierung des Bildschirms.

2.8.1 Neustrukturierung des Lernstoffs

"The success of learning is closely related to the strategies used in the learning phase, ..."[22]. Dieser wohl fundamentalen Erkenntnis, die eigentlich niemanden mehr überraschen sollte, muß auch bei der Gestaltung von Lernsystemen Rechnung getragen werden. So ist es erforderlich, ein pädagogisches Grobkonzept zu erstellen, dessen Hauptaufgabe die Festlegung einer Lehrstrategie, die Modularisierung des Lehrstoffs und die Bestimmung der strukturellen Abhängigkeiten zwischen den entstandenen Einzelkomponenten ist.[23] Außerdem sollten wichtige Erkenntnisse der Lernpsychologie, mit denen sich SCHRÄDER-NAEF ausführlich beschäftigt hat, berücksichtigt werden.[24] Im folgenden werden die wichtigsten davon kurz aufgeführt:

• *Art des Materials*

Es ist entscheidend für das Behalten des Lernstoffs, ob er sinnlos oder sinnvoll, gegliedert oder ungegliedert, einfach oder schwierig ist.

• *Lernmethode*

Lernstoff wird besser behalten, wenn der Lernende eine Chance erhält, Einsicht in den Stoff zu gewinnen, als wenn er nur mechanisch auswendig lernen soll.

• *Gliederung des Stoffes*

Durch eine sinnvolle Gliederung muß sowohl ein Gesamtüberblick über das Lehrgebiet, wie auch genügend Detailwissen vermittelt werden. Dem Lernenden muß also eine Chance gegeben werden, Zusammenhänge und Details erfassen zu können.

• *eigene Aktivität*

Dem Lernenden sollte nicht nur der Lernstoff präsentiert werden, sondern er sollte auch die Möglichkeit haben, eigenständig damit zu arbeiten.

[22] Vgl. S. G. Schär: "The influence of the user interface on solving well- and ill-defined problems", 1996, S.1
[23] Vgl. F. Bodendorf: "Computer in der fachlichen und universitäten Ausbildung", 1990, S. 75
[24] Vgl. R. D. Schräder-Naef: "Rationeller Lernen lernen", 1988, S. 48ff

• *Feedback*

Der Benutzer sollte Informationen über seinen eigenen Wissensstand erhalten.

2.8.2 Storyboard

"Das Storyboard beschreibt die Techniken, Interaktionen, Textart, etc. des endgültigen Produktes und wird eingesetzt, um das definitive Produkt zu planen."[25]

Das Storyboard enthält alle Designrichtlinien, die als Resultat der Layout-Gestaltung und der Restrukturierung des Lernstoffs vereinbart werden. Das Storyboard ist somit als schriftliches Endprodukt des Kapitels Lernstoffaufbereitung anzusehen.

2.9 Implementierung

Nachdem nun feststeht, wie die Hyperstruktur aussieht, welcher Lernstoff verwendet wird und wie dieser in die Hyperstruktur integriert werden soll, wie die Benutzerschnittstelle auszusehen hat, welche Hard- und welche Software erforderlich ist beziehungsweise verwendet werden soll, steht der Implementierung des Lernsystems eigentlich nichts mehr im Wege.

Da die Implementierung eines Hypertext-Lernsystems praktisch so abläuft wie die Implementierung eines beliebigen Softwareprojekts und darüber hinaus auch noch stark vom verwendeten Autorensystem abhängen kann, soll sie hier nicht weiter betrachtet werden. Auch GLOOR ist der Meinung: "Hypermedia-Entwicklung ist Software-Entwicklung"[26].

2.10 Test

Wie bei jeder neu entwickelten Software muß auch ein Lernsystem vor der Einführung getestet werden, einmal durch den oder die Entwickler selbst und auch durch repräsentative Vertreter der späteren Benutzergruppen.

[25] Vgl. P. A. Gloor: "Hypermedia - Anwendungsentwicklung", 1990, S. 165
[26] Vgl. P. A. Gloor : "Hypermedia - Anwendungsentwicklung", 1990, S. 50

2.10.1 Eigentest

Der Eigentest wird von den an der Entwicklung beteiligten Personen durchgeführt, es geht dabei vor allem um folgende Punkte:

- Überprüfung aller Hyper-Links

- Überprüfung aller Seiten im Hypertext-Dokument

- Überprüfung aller Funktionen

- Überprüfung der Logik des Lernsystems

- Überprüfung des Lernstoffs auf Vollständigkeit und Widerspruchsfreiheit.

Die Vollständigkeit der Überprüfungen ist in Hypertext-Dokumenten sicherlich nur
schwer, in sehr großen Hypertext-Dokumenten sicherlich nicht zu gewährleisten.

2.10.2 Fremdtest

Für den Fremdtest benötigt man repräsentative Vertreter der späteren Benutzer-
gruppen, die dann mit dem Lernsystem konfrontiert werden. Ihnen werden
verschiedene Aufgaben gestellt, die so strukturiert sind, daß möglichst alle
Komponenten des Lernsytems einbezogen werden. Dabei sollen sie ihre
Erfahrungen in einem Fragebogen dokumentieren und in einem anschließenden
Gespräch zu ihrem subjektiven Gesamteindruck und zu allen sonstigen
Punkten, die nicht im Fragebogen enthalten sind, machen. Während die Vertreter
der Benutzergruppen am Lernsystem arbeiten, kann man sie zusätzlich noch
beobachten, um deren Verhalten zu studieren. Bei der Auswertung aller
Fragebögen, Gespräche und Beobachtungen sollen Informa- tionen über die
Usability[27] und Informationen über das Benutzerverhalten gewon- nen werden.
Diese Informationen sind sehr wichtig zur Steigerung der Benutzer- akzeptanz
und können, wenn es sich um gravierende Erkenntnisse handelt, bei der
Weiterentwicklung oder auch bei anderen Lernsystemen entsprechend
berücksichtigt werden.

---

[27]   Vgl. G. Fuchs: "Dialog-Anwendungen Teil II", SS 95, S. 118

2.11 Einführung

Sind Eigen- und Fremdtest erfolgreich abgeschlossen und wurden alle an das Lernsystem gestellten Anforderungen erfüllt, so steht der Einführung nichts mehr im Wege.

Den potentiellen Benutzergruppen muß jetzt nur noch mitgeteilt werden, daß das Lernsystem existiert und wie man sich Zugang dazu verschaffen kann. Im Rahmen einer Hochschule könnte das Bekanntgabe durch die Dozenten oder das Anbringen entsprechender Aushänge und Zugang über geeignete Computer bedeuten. Bei professionell vermarkteten Produkten müssen spätestens jetzt die Werbemaßnahmen erfolgen und das Produkt durch die vorhandenen oder neu zu schaffenden Distributionskanäle geschleust werden.

Eine tiefergehende Auseinandersetzung der Einführungsproblematik neuer Produkte ist nicht Gegenstand dieser Arbeit und soll hier auch nicht weiter betrachtet werden.

2.12 Weiterentwicklung und Pflege

Eine Weiterentwicklung und Pflege des Lernsystems ist sicherlich nicht nur erforderlich, um es zu verbessern, sondern auch deshalb, um es an eine sich verändernde Umwelt anzupassen. Gegenstand oder Grund einer Weiterentwicklung können sein:

• neue leistungsfähigere Hardware

• neue leistungsfähigere Software

• Veränderung oder Erweiterung des Lehrstoffs

• Veränderung der Benutzerprofile

• Integration in andere Hypertext-Umgebungen

• neue Erkenntnisse aus Wissenschaft und Forschung

Weitere Anregungen zu Veränderungen können jedoch auch aus den Reihen der Benutzer selbst kommen. Ein ständiger Dialog und systematische Beobachtungen können dazu beitragen ein Lernsystem weiter zu optimieren.

3 Netzplantechnik

Der Themenbereich Netzplantechnik wird in diesem Kapitel, so wie er später auch in das Hypertext-Lernsystem eingehen soll, zum besseren Verständnis vorgestellt. Dabei dient das Vorlesungsskript Netzplantechnik von Professor Doktor Oleg Taraszow (Stand: September 1995), was den Inhalt und Umfang betrifft, im wesentlichen als Maßstab. Die Netzplantechnik wird dabei in folgende vier Schwerpunkte eingeteilt:

• Ablaufplanung - Strukturanalayse und Netzplanerstellung

• Zeitplanung - Berechnung von Netzplänen

• Kostenplanung

• Kapazitätsplanung

3.1 Ablaufplanung - Strukturanalyse und Netzplanerstellung

Bei der Ablaufplanung geht es darum, ein Projekt in einzelne Vorgänge zu zerlegen sowie deren zeitliches Nach- und Nebeneinander zu analysieren. Die Vorgänge werden numeriert und in eine Vorgangsliste eingetragen. Die Dauer der Vorgänge bei normalem Kapazitätseinsatz wird festgelegt und ebenfalls in die Vorgangsliste eingetragen. Zur Kennzeichnung der Anordnungsbeziehungen[28] zwischen den einzelnen Vorgängen werden die Vorgänger bzw. die Nachfolger (manchmal auch beide) zu jedem Vorgang ermittelt und festgehalten (vgl. Tab. 1).

Nr.	Vorgang	Dauer	Vorgänger (Nr.)	Nachfolger (Nr.)
1	Erdarbeiten	1	-	2
2	Fundamente und Mauerwerk	11	1	3,4
3	Dachstuhl errichten	2	2	5
4	Installationsarbeiten	8	2	6
5	Dachdeckerarbeiten	1	3	6
6	Fenster und Türen einsetzen	1	4,5	7.8,9
7	Garten anlegen	1	6	11
8	Innenputz	2	6	10
9	Außenputz	3	6	11
10	Anstrich Fenster und Türen	3	8	11
11	Einzug	1	7,9,10	-

Tab. 1: Beispiel für eine Vorgangsliste[29]

---

[28] Vgl. O. Taraszow: "Netzplantechnik", September 1995, S. 25
[29] Vgl. O. Taraszow: "Netzplantechnik", September 1995, S. 26

Anordnungsbeziehungen lassen sich durch zwei entgegengesetzte Vorgehensweisen ermitteln. Entweder beginnt man beim ersten Vorgang eines Projekts und sucht die unmittelbaren Nachfolger, für die dann auch die unmittelbaren Nachfolger gesucht werden usw., oder man beginnt beim Ende des Projekts und sucht die unmittelbaren Vorgänger und von diesen wiederum die unmittelbaren Vorgänger bis zurück zum Projektanfang.

3.1.1 Verknüpfung von Vorgängen

Vorgänge können auf vier verschiedene Arten miteinander verknüpft werden, nämlich als:

• geschlossene Folge (Verknüpfung ohne Wartezeit)

• offene Folge (Wartezeit zwischen den Vorgängen)

• überlappte Folge (teilweise Überlappung von Vorgängen)

• Parallelität von Vorgängen

3.1.2 Grafische Darstellung von Vorgängen und deren Verknüpfungen

Zur grafischen Darstellung von Vorgängen und deren Verknüpfungen existieren mehrere Möglichkeiten. Im folgenden wird davon die Vorgangspfeiltechnik und die Vorgangsknotentechnik vorgestellt.

3.1.2.1 Vorgangspfeiltechnik

Mit der Vorgangspfeiltechnik läßt sich am einfachsten die geschlossene Folge darstellen, alle anderen Arten von Folgen können hier nur schwer berücksichtigt werden.

Bei Vorgangspfeilnetzplänen gilt außerdem:

• Ein Netzplan darf keine Schleifen enthalten.

• Zwei Knoten dürfen nur mit einem Pfeil verbunden werden. Bei parallel laufenden Vorgängen muß ein sog. Scheinvorgang eingefügt werden. Diese werden im Netzplan durch gestrichelte Linien dargestellt. Sie haben die Ausführungsdauer 0, werden aber sonst wie andere Vorgänge behandelt[30] (vgl. Abb. 4).

• Überlappungen können nur durch Aufsplittung der Vorgänge dargestellt werden (vgl. Abb. 4).

---

[30]   Vgl. J. Schwarze: "Netzplantechnik", 1994, S. 51

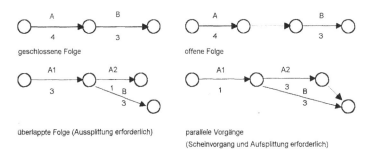

Abb. 4: Anordnungsbeziehungen bei Vorgangspfeilnetzplänen

3.1.2.2 Vorgangsknotentechnik

In einem Vorgangsknotennetz werden die Vorgänge beschrieben und durch Knoten dargestellt. Die Vorgangsknoten werden durch Pfeile so miteinander verknüpft, wie es der Reihenfolge der Vorgänge im Projekt entspricht.[31]

Da jeder Vorgang zwei feste Bezugspunkte, nämlich Anfangs- und Endzeitpunkt besitzt, muß bei der Angabe der Zeitabstände jeweils vermerkt werden, welche Bezugspunkte zugrunde liegen. Deshalb werden in der DIN 69900 vier unterschiedliche Folgen unterschieden:

- Normalfolge (Ende-Anfang-Beziehung, EA-Beziehung, vgl. Abb. 5)

- Anfangsfolge (Anfang-Anfang-Beziehung, AA-Beziehung, vgl. Abb. 6)

- Endfolge (Ende-Ende-Beziehung, EE-Beziehung, vgl. Abb. 7)

- Sprungfolge (Anfang-Ende-Beziehung, AE-Beziehung, vgl. Abb. 8)

Beim Vorgangsknotennetz gelten außerdem noch folgende Vereinbarungen:[32]

- Der Zeitabstand Z zwischen zwei Vorgängen kann positiv, null oder negativ sein.

- Minimalabstände MI-Z kennzeichnen Abstände, die nicht unterschritten, wohl aber überschritten werden dürfen.

- Maximalabstände MA-Z kennzeichnen Abstände, die wohl unterschritten, nicht aber überschritten werden dürfen.

- Fix-Abstände F-Z kennzeichnen Abstände, die exakt eingehalten werden müssen.

[31] Vgl. J. Schwarze: "Netzplantechnik", 1994, S. 24
[32] Vgl. O. Taraszow: "Netzplantechnik", September 1995, S. 28

Normal arbeitet man mit Minimalabständen und verzichtet deshalb auf die Angabe MI-Z. Auch wenn für ein ganzes Vorgangsknotennetz dieselbe Anordnungsbeziehung gilt kann eine genauere Bezeichnung entfallen.

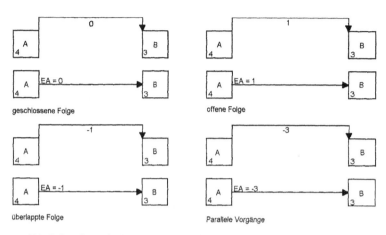

Abb. 5: Anordnungsbeziehungen bei einer Normalfolge

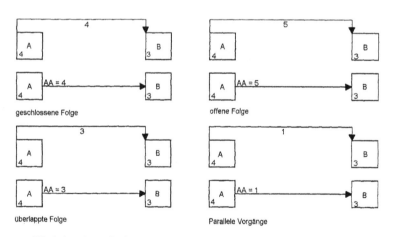

Abb. 6: Anordnungsbeziehungen bei einer Anfangsfolge

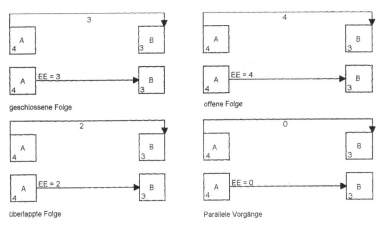

Abb. 7: Anordnungsbeziehungen bei einer Endfolge

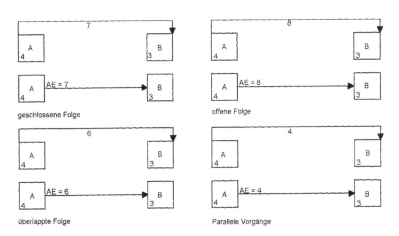

Abb. 8: Anordnungsbeziehungen bei einer Sprungfolge

3.2 Zeitplanung - Berechnung von Netzplänen

Die Zeitplanung soll Aufschluß über

- die Dauer des gesamten Projektes,
- die früheste zeitliche Lage der einzelnen Vorgänge,
- die spätestes zeitliche Lage der einzelnen Vorgänge und
- die Zeitreserve für die einzelnen Vorgänge

geben.

Die frühesten Anfangs- (FAZ) und Endzeitpunkte (FEZ) der einzelnen Vorgänge sowie die Gesamtdauer des Projekts lassen sich mit der Vorwärtsrechnung bestimmen.

Die anschließende Rückwärtsrechnung gibt Aufschluß über die spätesten Anfangs- (SAZ) und Endzeitpunkte (SEZ).

	Vorwärtsrechnung	Rückwärtsrechnung
Ausgangspunkt der Berechungungen	Projektanfang	Projektende
es werden berechnet	früheste Zeitpunkte	späteste Zeitpunkte
für jeden Vorgang wird zuerst berechnet	FAZ frühester Anfangszeitpunkt	SEZ spätester Endzeitpunkt
für die Berechnung notwendige Werte	früheste Endzeitpunkte der Vorgänger	späteste Anfangszeitpunkte der Nachfolger
maßgebend für den berechnenden Zeitpunkt	größtes frühestes Ende aller Vorgänger	kleinster spätester Anfang aller Nachfolger
Bestimmung des "zweiten" Vorgangszeitpunkts	FEZ frühester Endzeitpunkt = FAZ + Dauer	SAZ Spätester Endzeitpunkt = SEZ - Dauer
Ergebnis	Früheste Lage FAZ/FEZ	Späteste Lage SAZ/SEZ

Tab. 2: Übersicht - Vorwärtsrechnung und Rückwärtsrechnung[33]

Die Zeitreserven, um die ein Vorgang verschoben werden kann, bezeichnet man als Puffer. Man unterscheidet vier unterschiedliche Pufferzeiten:

- Gesamte Pufferzeit (GP)

   Die Gesamte Pufferzeit eines Vorgangs ergibt sich als Differenz aus dem spätesten Endzeitpunkt und dem frühesten Endzeitpunkt oder als Differenz aus dem spätesten Anfangszeitpunkt und dem frühesten Anfangszeitpunkt.[34]

[33] Vgl. J. Schwarze: "Netzplantechnik", 1994, S. 115
[34] Vgl. J. Schwarze: "Netzplantechnik", 1994. S. 117

• Freie Pufferzeit (FP)

Die Freie Pufferzeit eines Vorgangs ist die vorhandene Zeitspanne zwischen dem frühesten Ende eines Vorganges und dem frühesten Anfang des Nachfolgers.[35]

• Bedingt verfügbare Pufferzeit (BP)

Die Bedingt verfügbare Pufferzeit ist die Differenz zwischen der Gesamten und der Freien Pufferzeit (auch nur Bedingte Pufferzeit genannt).

• Unabhängige Pufferzeit (UP)

Die Unabhängige Pufferzeit ist die maximale Zeitspanne, um die der Beginn eines Vorgangs verschoben werden kann unter der Bedingung, daß alle Vorgänger zu ihrem spätestmöglichen Endtermin aufhören und alle Nachfolger zu ihrem frühestmöglichen Anfangstermin beginnen.[36]

Alle Vorgänge, deren zeitliche Ausdehnung oder Verzögerung zu einer Verzögerung des gesamten Projekts führen heißen kritische Vorgänge, ihre Gesamte Pufferzeit ist immer 0. Alle kritischen Vorgänge aneinander gereiht ergeben zusammen den sog. kritischen Weg, der die Projektdauer bestimmt. Jeder Netzplan besitzt mindestens einen kritischen Weg.

Vorgänge, die nur eine geringe Gesamte Pufferzeit besitzen, werden als subkritisch, also als beinahe kritisch bezeichnet.

3.2.1 Zeitenberechnung bei Vorgangspfeilnetzplänen

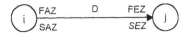

Abb. 9: Zeiten bei einem Vorgangspfeil

Der aktuelle Vorgang wird jeweils mit j, der vorhergehende mit i und der nachfolgende mit k gekennzeichnet. D steht für die Dauer eines Vorgangs.

[35]   Vgl. O. Taraszow: "Netzplantechnik", September 1995, S. 36
[36]   Vgl. K. Neumann: "Operations Research Verfahren", 1975, S. 200

- Vorwärtsrechnung:

  frühester Endzeitpunkt

  $$FEZ_j = FAZ_j + D_j$$

  frühester Anfangszeitpunkt

  $$FAZ_j = max(FEZ_i)$$

- Rückwärtsrechnung:

  spätester Anfangszeitpunkt

  $$SAZ_i = SEZ_i - D_i$$

  spätester Endzeitpunkt

  $$SEZ_i = min(SAZ_j)$$

- Puffer:

  Gesamte Pufferzeit

  $$GP_i = SEZ_i - FEZ_i = SAZ_i - FAZ_i$$

  Freie Pufferzeit

  $$FP_i = min(FAZ_j - FEZ_i)$$

  Bedingt verfügbare Pufferzeit

  $$BP_i = GP_i - FP_i$$

  Unabhängige Pufferzeit

  $$UP_i = FAZ_j - (SEZ_{i-1} + D_i)$$

3.2.2 Zeitenberechnung bei Vorgangsknotennetzplänen

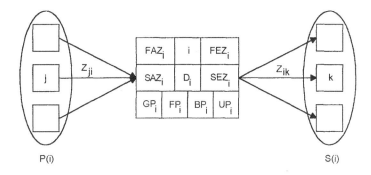

Abb. 10: Zeiten bei Vorgangsknoten

Bei Vorgangsknoten werden alle Zeitangaben in die Knoten geschrieben, die wie z. B. in Abb. 10 aussehen können. Dabei bezeichnet P(i) die Menge aller Vorgänger zum Vorgang i und S(i) bezeichnet die Menge aller Nachfolger von Vorgang i.

Für die Normalfolge, die Anfangsfolge, die Endfolge sowie die Sprungfolge existieren jeweils eigene Formeln zur Berechnung der Zeiten.

3.2.2.1 Zeiten der Normalfolge

Bei der Normalfolge ist Z_{ik} der minimale Zeitabstand vom Ende des Vorgangs i bis zum Anfang seines Nachfolger k. Zur besseren Kennzeichnung schreibt man $Z_{ik\text{-EA}}$, das EA steht lediglich für Ende-Anfang-Beziehung.

• Vorwärtsrechnung:

$$FEZ_i = FAZ_i + D_i$$

$$FAZ_i = \max_{j \in P(i)}(FEZ_j + Z_{ji\text{-EA}})$$

Initialisierung: für den Startknoten S des Netzplans gilt

$$FAZ_S = 0$$

Die minimale Dauer des Projekts T:

$$T = FEZ_E$$

wobei E den Endknoten des Netzplans bezeichnet

• Rückwärtsrechnung:

$$SAZ_i = SEZ_i - D_i$$

$$SEZ_i = \min_{k \in S(i)}(SAZ_k - Z_{ik\text{-}EA})$$

Initialisierung: für den Endknoten E des Netzplans gilt

$$SEZ_E = T$$

• Puffer:

Gesamte Pufferzeit

$$GP_i = SAZ_i - FAZ_i = SEZ_i - FEZ_i$$

Freie Pufferzeit

$$FP_i = \min_{k \in S(i)}(FAZ_k - Z_{ik\text{-}EA} - FEZ_i) = \min_{k \in S(i)}(FAZ_k - Z_{ik\text{-}EA}) - FEZ_i$$

Bedingte Pufferzeit

$$BP_i = GP_i - FP_i$$

Unabhängige Pufferzeit

$$UP_i = \max(0, \min_{k \in S(i)}(FAZ_k - Z_{ik\text{-}EA}) - D_i - \max_{k \in P(i)}(SEZ_j + Z_{ji\text{-}EA}))$$

3.2.2.2 Zeiten der Anfangsfolge

Z_{ik} bezeichnet den minimalen Zeitabstand vom Anfang des Vorgangs i bis zum Anfang seines Nachfolgers k. Dabei wird Z_{ik} zur Kenntlichmachung als Anfangsfolge um den Zusatz AA erweitert, was zu der Schreibweise $Z_{ik\text{-}AA}$ führt.

Außerdem gilt für alle i und für alle k: $Z_{ik\text{-}AA} = D_i + Z_{ik\text{-}EA}$

• Vorwärtsrechnung:

$$FEZ_i = FAZ_i + D_i$$

$$FAZ_i = \max_{j \in P(i)}(FAZ_j + Z_{ji\text{-}AA})$$

Initialisierung: für den Startknoten S des Netzplans gilt

$$FAZ_S = 0$$

Die minimale Dauer des Projektes T

$$T = FEZ_E$$

wobei E den Endknoten des Netzplans bezeichnet

- Rückwärtsrechnung:

$$SEZ_i = SAZ_i + D_i$$

$$SAZ_i = \min_{k \in S(i)}(SAZ_k - Z_{ik\text{-}AA})$$

Initialisierung: für den Endknoten E des Netzplans gilt

$$SEZ_E = T$$

- Puffer:

Gesamte Pufferzeit

$$GP_i = SAZ_i - FAZ_i = SEZ_i - FEZ_i$$

Freie Pufferzeit

$$FP_i = \min_{k \in S(i)}(FAZ_k - Z_{ik\text{-}EA} - FEZ_i) = \min_{k \in S(i)}(FAZ_k - (Z_{ik\text{-}AA} - D_i) - FEZ_i)$$

$$= \min_{k \in S(i)}(FAZ_k - Z_{ik\text{-}AA} - (FEZ_i - D_i)) = \min_{k \in S(i)}(FAZ_k - Z_{ik\text{-}AA} - FAZ_i)$$

$$= \min_{k \in S(i)}(FAZ_k + Z_{ik\text{-}AA}) - FAZ_i$$

Bedingte Pufferzeit

$$BP_i = GP_i - FP_i$$

Unabhängige Pufferzeit

$$UP_i = \max(0, \min_{k \in S(i)}(FAZ_k - Z_{ik\text{-}EA}) - D_i - \max_{j \in P(i)}(SEZ_j + Z_{ji\text{-}EA}))$$

$$= \max(0, \min_{k \in S(i)}(FAZ_k - (Z_{ik\text{-}AA} - D_i)) - D_i - \max_{j \in P(i)}(SEZ_j + (Z_{ji\text{-}AA} - D_j)))$$

$$= \max(0, \min_{k \in S(i)}(FAZ_k - Z_{ik\text{-}AA}) + D_i - D_i - \max_{j \in P(i)}((SEZ_j - D_j) + Z_{ji\text{-}AA}))$$

$$= \max(0, \min_{k \in S(i)}(FAZ_k - Z_{ik\text{-}AA}) - \max_{j \in P(i)}(SAZ_j + Z_{ji\text{-}AA}))$$

3.2.2.3 Zeiten der Endfolge

Z_{ik} bezeichnet den minimalen Zeitabstand vom Ende des Vorgangs i bis zum Ende seines Nachfolgers k. Dabei wird Z_{ik} zur Kenntlichmachung als Endfolge um den Zusatz EE erweitert, was zu der Schreibweise $Z_{ik\text{-}EE}$ führt.

Außerdem gilt für alle i und für alle k: $Z_{ik\text{-}EE} = Z_{ik\text{-}EA} + D_k$

• Vorwärtsrechnung:

$$FAZ_i = FEZ_i - D_i$$

$$FEZ_i = \max_{j \in P(i)}(FEZ_j + Z_{ji\text{-}EE})$$

Initialisierung: für den Startknoten S des Netzplans gilt

$$FAZ_S = 0$$

Die minimale Dauer des Projekts T

$$T = FEZ_E$$

wobei E den Endknoten des Netzplans bezeichnet

• Rückwärtsrechnung

$$SAZ_i = SEZ_i - D_i$$

$$SEZ_i = \min_{k \in S(i)}(SEZ_k - Z_{ik\text{-}EE})$$

Initialisierung: für den Endknoten E des Netzplans gilt

$$SEZ_E = T$$

• Puffer

Gesamte Pufferzeit

$$GP_i = SAZ_i - FAZ_i = SEZ_i - FEZ_i$$

Freie Pufferzeit

$$FP_i = \min_{k \in S(i)}(FAZ_k - Z_{ik\text{-}EA} - FEZ_i) = \min_{k \in S(i)}(FAZ_k - (Z_{ik\text{-}EE} - D_k) - FEZ_i)$$

$$= \min_{k \in S(i)}((FAZ_k + D_i) - Z_{ik\text{-}EE} - FEZ_i) = \min_{k \in S(i)}(FEZ_k - Z_{ik\text{-}EE} - FEZ_i)$$

$$= \min_{k \in S(i)}(FEZ_k - Z_{ik\text{-}EE}) - FEZ_i$$

Bedingte Pufferzeit

$$BP_i = GP_i - FP_i$$

Unabhängige Pufferzeit

$$UP_i = \max(0, \min_{k \in S(i)}(FAZ_k - Z_{ik\text{-}EA}) - D_i - \max_{j \in P(i)}(SEZ_j + Z_{ji\text{-}EA}))$$

$$= \max(0, \min_{k \in S(i)}(FAZ_k - (Z_{ik\text{-}EE} - D_k)) - D_i - \max_{j \in P(i)}(SEZ_j + (Z_{ji\text{-}EE} - D_j)))$$

$$= \max(0, \min_{k \in S(i)}((FAZ_k + D_k) - Z_{ik\text{-}EE}) - D_i - \max_{j \in P(i)}(SEZ_j + Z_{ji\text{-}EE}) + D_i)$$

$$= \max(0, \min_{k \in S(i)}(FEZ_k - Z_{ik\text{-}EE}) - \max_{j \in P(i)}(SEZ_j + Z_{ji\text{-}EE}))$$

3.2.2.4 Zeiten der Sprungfolge

Z_{ik} bezeichnet den minimalen Zeitabstand vom Anfang des Vorgangs i bis zum Ende seines Nachfolgers k. Dabei wird Z_{ik} zur Kenntlichmachung als Sprungfolge um den Zusatz AE erweitert, was zu der Schreibweise $Z_{ik\text{-}AE}$ führt.

Außerdem gilt für alle i und für alle k: $Z_{ik\text{-}AE} = Z_{ik\text{-}AA} + D_k = D_i + Z_{ik\text{-}EE} = D_i + Z_{ik\text{-}EA} + D_k$

• Vorwärtsrechnung:

$$FAZ_i = FEZ_i - D_i$$

$$FEZ_i = \max_{j \in P(i)}(FAZ_j + Z_{ji\text{-}AE})$$

Initialisierung: für den Startknoten S des Netzplans gilt

$$FAZ_S = 0$$

Die minimale Dauer des Projekts T

$$T = FEZ_E$$

wobei E den Endknoten des Netzplans bezeichnet

• Rückwärtsrechnung:

$$SEZ_i = SAZ_i + D_i$$

$$SAZ_i = \min(SEZ_k - Z_{ik\text{-}AE})$$

Initialisierung: für den Endknoten E des Netzplans gilt

$$SEZ_E = T$$

• Puffer

Gesamte Pufferzeit

$$GP_i = SAZ_i - FAZ_i = SEZ_i - FEZ_i$$

Freie Pufferzeit

$$FP_i = \min_{k \in S(i)}(FEZ_k - Z_{ik\text{-EE}}) - FEZ_i = \min_{k \in S(i)}(FEZ_k - (Z_{ik\text{-AE}} - D_i)) - FEZ_i$$

$$= \min_{k \in S(i)}(FEZ_k - Z_{ik\text{-AE}}) - (FEZ_i - D_i) = \min_{k \in S(i)}(FEZ_k - Z_{ik\text{-AE}}) - FAZ_i$$

Bedingte Pufferzeit

$$BP_i = GP_i - FP_i$$

Unabhängige Pufferzeit

$$UP_i = \max(0, \min_{k \in S(i)}(FEZ_k - Z_{ik\text{-EE}}) - \max_{j \in P(i)}(SEZ_j + Z_{ji\text{-EE}}))$$

$$= \max(0, \min_{k \in S(i)}(FEZ_k - (Z_{ik\text{-AE}} - D_i)) - \max_{j \in P(i)}(SEZ_j + (Z_{ji\text{-AE}} - D_j)))$$

$$= \max(0, \min_{k \in S(i)}(FAZ_k - Z_{ik\text{-AE}}) + D_i - \max_{j \in P(i)}((SEZ_j - D_i) + Z_{ji\text{-AE}}))$$

$$= \max(0, \min_{k \in S(i)}(FAZ_k - Z_{ik\text{-AE}}) - \max_{j \in P(i)}(SAZ_j + Z_{ji\text{-AE}}) + D_i)$$

3.2.3 Verkürzung von Projekten

Ist man aus irgendwelchen Gründen gezwungen, die Projektdauer zu verkürzen, so bestehen dafür grundsätzlich die folgenden drei Möglichkeiten:

1) Zeitänderung

Die Ausgangsdaten für die Dauer der auf dem kritischen Weg liegenden Vorgänge enthalten eventuell noch Zeitreserven. Die Analyse dieser Zeitreserven sowie ihre Reduzierung oder Vermeidung kann zu einer Zeitveränderung führen.

2) Kapazitätsänderungen

Bei der Berechnung der Dauer für die einzelnen Vorgänge geht man normalerweise von einer gewöhnlichen Auslastung von Arbeitskräften und Maschinen aus. Es ist aber durchaus denkbar, eine höhere Auslastung durch, z.B längere Arbeitszeiten, zu erreichen.

3) Strukturveränderungen

Um Strukturveränderungen durchführen zu können, untersucht man, ob wirklich alle bisher hintereinander auszuführenden Vorgänge auch tatsächlich strikt in dieser Reihenfolge ausgeführt werden müssen, oder ob sie nicht parallel oder zumindest teilweise überlappend ausgeführt werden können.

3.3 Kostenplanung

Jedes Projekt verursacht Kosten, auch jeder Vorgang eines Projektes verursacht Kosten. Jedem Vorgang können sogar die Kosten zugeordnet werden, die er verursacht.

Steht die Einhaltung des Fertigstellungstermins eines Projekts im Vordergrund, so sind alle Vorgänge frühestmöglich (linksorientiert) einzuplanen. Steht die Einsparung von Zinsen (es wird hier angenommen, daß ein Projekt zumindest teilweise mit Fremdkapital finanziert wird) im Vordergrund, dann sind alle Vorgänge zum spätestmöglichen (rechtsorientiert) Zeitpunkt einzuplanen. Je nachdem ergeben sich unterschiedliche Kostenverläufe.

Die Kostenplanung dient durch Gegenüberstellung von Plan-Kosten und Ist-Kosten auch der Kostenüberwachung, so daß gegebenenfalls rechtzeitig Gegenmaßnahmen eingeleitet werden können.

Es wird die frühestmögliche Einplanung der kumulierten Kosten der einzelnen Vorgänge der spätestmöglichen gegenübergestellt. So läßt sich sehr einfach der Kostenunterschied ΔK pro Zeiteinheit, auch in Form eines Schaubildes, ermitteln.

Die Zinsersparnis ΔZ bei spätester gegenüber frühester Einplanung, kann dann durch folgende Formel errechnet werden:

$$\Delta Z = \Sigma(\Delta K * m * p)$$

dabei bezeichnet

ΔK den Kostenunterschied zwischen frühester und spätester Einplanung
m die Zeiteinheit und
p den Zinssatz pro Zeiteinheit.

Bei der Verkürzung von Projekten kann es zu Zusatzkosten, wie z.B. Überstundenzuschläge, Einsatz weiterer Maschinen o.ä., kommen. Hier muß nun unter Kostengesichtspunkten errechnet werden, ob die durch eine Verkürzung verursachten Kosten das Projekt zusätzlich verteuern, oder ob durch die Verkürzung eventuell sogar Kosten eingespart werden können. Die Projektdauer mit den minimalsten Kosten ist dann auszuwählen.

38

Im allgemeinen wird unterstellt, daß die Zeitdauer mit zunehmenden Kosten linear abnimmt, d.h. zusätzliche Kosten verkürzen die Dauer eines Vorgangs linear.

Zur Ermittlung der Kostensteigerungsrate c kann folgende Formel verwendet werden:

$$c = \frac{K_B - K_N}{D_N - D_B}$$

Dabei bezeichnet

K_B die Kosten des beschleunigten Vorgangs,
K_N die Kosten des normalen Vorgangs,
D_N die Dauer des Vorgangs im Normalfall und
D_B die Dauer des Vorgangs bei Beschleunigung.

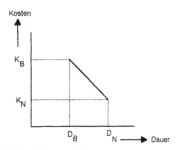

Abb. 11: Kostensteigerungskurve

3.4 Kapazitätsplanung

Die Kapazitätsplanung hat die Aufgabe, die für ein Projekt zur Verfügung stehenden Kapazitäten, möglichst in hohem Grade und außerdem gleichmäßig auszulasten.

Zeichnen sich schon im voraus Kapazitätsüberschreitungen ab, so sind rechtzeitig entsprechende Maßnahmen zum Kapazitätsausgleich zu ergreifen.

3.4.1 Kapazitätsausgleich

Um die Kapazitätsbelastung auch grafisch sichtbar zu machen, empfiehlt es sich einen Kapazitätsbelastungsplan in Form eines Gantt-Diagramms (Stabdiagramm) anzufertigen.

Dabei werden zunächst sämtliche kritische Vorgänge eingezeichnet und auch als solche gekennzeichnet. Anschließend werden die FAZ und die SEZ aller restlichen Vorgänge markiert und die Zeit dazwischen z.B. durch eine gestrichelte Linie angegeben. Die Vorgänge selbst werden dann so eingetragen, daß eine möglichst kontinuierliche Auslastung der Kapazitäten erfolgt.

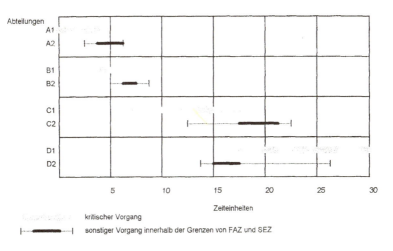

Abb. 12: Beispiel für einen Belastungsplan

Kapazitätsüberschreitungen und Beschäftigungsschwankungen versucht man. durch Kapazitätsausgleich und Beschäftigungsplanung unter Berücksichtigung von Kapazitätsschwankungen, zu vermeiden.

Es stehen dabei grundsätzlich drei Möglichkeiten zur Verfügung:

    1) Verschiebung einzelner Vorgänge,
    2) Unterbrechung einzelner Vorgänge oder
    3) zeitliche Ausdehnung oder Komprimierung einzelner Vorgänge.

Dabei ist einerseits die technische Machbarkeit zu berücksichtigen, andererseits aber auch das Einhalten von Pufferzeiten, da es sonst zu einer Ausdehnung der gesamten Projektdauer kommen kann.

Die Vorgänge können in einem Belastungsplan in der Art eines Stabdiagramms auch nach Kapazitätsart geordnet und innerhalb einer Kapazitätsart nach aufsteigender FAZ angegeben werden, so daß aus der Eintragung die jeweils erforderlichen Kapazitätseinheiten ersichtlich sind (vgl. Abb.13).

maximal 4 Konstrukteure	A1	4444	4444		
	A2			2222	22
	A3				22

maximal 6 Programmierer	B1		3333	33	
	B2			222	22
	B3				4444

maximal 8 Monteure	C1		8888	88	
	C2			44	44
	C3				4444

5   10   15
Zeiteinheiten

Abb. 13: Kapazitätsbelastungsplan

Falls nur eine Kapazitätsart vorliegt kann auch eine Darstellung in einem Flächendiagramm gewählt werden (vgl. Abb. 14).

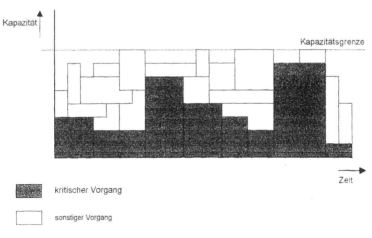

Abb. 14: Flächendiagramm

Dabei werden die kritischen Vorgänge vor den sonstigen Vorgängen eingezeichnet, da diese sich nicht verzögern dürfen. Wird eine Kapazitätsüberschreitung festgestellt, so kann ein Vorgang, oder ein Teil eines Vorgangs, soweit es technisch möglich und den Abhängigkeiten im Netzplan entspricht, verschoben werden, zu einer Stelle, an der noch freie Kapazitäten vorhanden sind.

4 Validierung

Zur Validierung der Konzeption wird im folgenden in allen Einzelheiten die Umsetzung des Lernsystems für den Themenbereich Netzplantechnik (NPT) beschrieben. Es werden dabei alle in der Konzeption aufgeführten Aspekte berücksichtigt, um damit deren Praxistauglichkeit darzulegen.

4.1 Lernziele

Vordergründiges Lernziel ist die Unterstützung der Vorlesung Netzplantechnik. Das Lernprogramm soll dazu dienen, den Studierenden die Inhalte der Vorlesung besser verstehen zu helfen. Es ist dabei an einen Einsatz während der Vorlesung gedacht, wodurch die Anschaulichkeit des Lernstoffs erhöht werden soll. Die Studierenden sollen außerdem die Gelegenheit erhalten, das Lernprogramm zur Vorlesungsnachbearbeitung und Klausurvorbereitung verwenden zu können.

Das Lernsystem ist weder dafür konzipiert noch dafür geeignet, die Vorlesung Netzplantechnik zu ersetzen. Es ist lediglich eine Ergänzung, die vor allem den Studierenden eine Gelegenheit bieten soll inhaltliche Kenntnis- oder Verständnislücken zu schließen.

4.2 Stoffgebiet festlegen und abgrenzen

Der zu vermittelnde Lernstoff besteht aus folgenden vier Schwerpunkten:

- Ablaufplanung - Strukturanalyse und Netzplanerstellung

- Zeitplanung - Berechnung von Netzplänen

- Kostenplanung

- Kapazitätsplanung

Inhaltlich wird dabei nicht über den Umfang des Vorlesungsskripts Netzplantechnik hinausgegangen.

4.3 Benutzeranalyse

Da die Vorlesung Netzplantechnik im Rahmen des dritten Semesters des Studiengangs Angewandte Informatik und Mathematik angeboten wird, kann davon ausgegangen werden, daß die Studierenden bereits über Kenntnisse mit dem Umgang von Computern verfügen. Es kann weiterhin davon ausgegangen werden, daß der Einsatz von Zeigeinstrumenten, wie z.B. der Maus und der Einsatz von MICROSOFT-WINDOWS 3.1 (MS-WINDOWS 3.1) den Studierenden vertraut ist. Daraus läßt sich schließen, daß es sich bei den Benutzern des Lernsystems nicht um Unskilled Learners handelt. Hilfesysteme, die den Umgang mit der Maus und grundlegende Eigenschaften von MS-WINDOWS 3.1 erläutern sind somit nicht erforderlich.

Weiterhin ist anzumerken, daß den meisten Studierenden der Umgang mit Hypertexten vertraut ist, auch dann, wenn das nicht unbedingt jedem einzelnen bewußt ist. Die Online-Hilfe von MS-WINDOWS 3.1, die Online-Hilfen aller unter MS-WINDOWS 3.1 laufenden Programme sowie das über die Fachhochschule frei zugängliche Internet (besonders WWW) stellen nämlich nichts anderes als Hypertexte dar.

Für viele Studierende wird es allerdings eine neue Erfahrung sein, mit einem computergestützten Lernsystem konfrontiert zu werden. Die Learners werden die Vorteile, die durch eine Hypertext-Struktur entstehen nicht oder nur in sehr geringem Umfang in Anspruch nehmen. Ihnen ist mehr daran gelegen, das gesamte Wissen eines Kapitels der Netzplantechnik durcharbeiten zu können. Der Relearner wird darüber hinaus auch gezielt nach bestimmten Inhalten im Lernsystem suchen. Die Hypertext-Struktur und starke Navigationswerkzeuge stellen für ihn den besonderen Reiz eines computerbasierten Lernsystems dar.

Zusammenfassend kann also festgestellt werden, daß es sich grundsätzlich um Skilled Learners handelt, denen der Umgang mit einem Computer sowie auch mit Hypertexten vertraut ist. Die Benutzer lassen sich weiterhin in Learner, die eventuell eine nicht besuchte Vorlesung nachholen oder zum besseren Verständnis vorauslernen wollen und Relearner, die eine Vorlesung nacharbeiten oder sich auf die Klausur vorbereiten wollen, einteilen.

4.4 Hypertext-Struktur

Die Hypertext-Struktur für das Lernsystem Netzplantechnik besteht aus einer gemischten Struktur (vgl. Abb. 15). Hierarchische, sequentielle sowie netzwerkartig verknüpfte Strukturelemente bilden die Lerninhalte in geeigneter Form in einer Hypertext-Struktur ab.

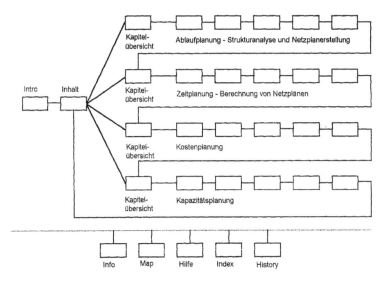

Abb. 15: Hypertext-Struktur für das Lernsystem Netzplantechnik

Nach dem Start des Programms wird dem Lernenden ein Intro präsentiert, das ihn über die Art des Lernsystems informiert und außerdem dazu dienen soll, soviel Interesse beim Benutzer zu wecken, daß er zur nächsten Seite weiterblättert und nicht etwa das Programm sofort wieder verläßt.

Die folgende Seite ist dann eine Inhaltsübersicht, die allerdings nur die einzelnen Kapitelüberschriften enthalten wird. Erst nachdem man sich für ein bestimmtes Kapitel entschieden hat, wird zu der entsprechenden Kapitelübersicht verzweigt.

Jede Kapitelübersicht präsentiert dann wiederum den Inhalt des jeweiligen Kapitels.

Der eigentliche Lernstoff schließt sich an die Kapitelübersichten an und wird in linearer Form präsentiert. Hat man ein Kapitel abgeschlossen, so erfolgt automatisch eine Verzweigung zur nächsten Kapitelübersicht. Hat man das Ende des letzten Kapitels erreicht, so gelangt man wieder zur Hauptübersicht.

Grundsätzlich gilt aber, daß von jeder Seite eines Kapitels unmittelbar zur dazugehörigen Kapitelübersicht verzweigt werden kann. Weiterhin kann von allen Seiten zur gesamten Inhaltsübersicht, zu den Hilfeseiten, zur Map, zum Index, zur Info-Seite oder zur History verzweigt werden.

4.5 Benutzerschnittstelle - Interface

An die Benutzerschnittstelle werden hohe Anforderungen gestellt. Sie soll einerseits sehr einfach und intuitiv zu bedienen sein, andererseits aber auch eine komfortable Navigation ermöglichen.

Grundsätzlich stehen zur Gestaltung einer Benutzerschnittstelle zwei Grundmuster zur Auswahl. Entweder man zeigt ständig alle Möglichkeiten der Benutzerschnittstelle an, wobei aber immer nur die zur Seite passenden angesprochen werden können, oder man beschränkt sich von vornherein auf die Anzeige der zu einer Seite passenden. Letztere Alternative hat den Vorteil, daß der Benutzer immer genau weiß, was er auf einer bestimmten Seite tun kann.

Anschließend kann dann untersucht werden, welche Arten von verschiedenen Seiten im Lernsystem auftreten können. Denn jede Art von Seite benötigt ihre eigene Ausprägung der Benutzerschnittstelle. Für das Lernsystem Netzplantechnik können prinzipiell folgende Arten von Seiten unterschieden werden:

- Intro-Seite

- Gesamtübersicht

- Kapitelübersicht

- normale Seite

- Index-Seite

- Map-Seite

- Hilfe-Seite

- Info-Seite

Trotz oder gerade wegen der unterschiedlichen Benutzerschnittstellen, die die einzelnen Arten von Seiten erfordern, muß hier verstärkt auf Erwartungskonformität und Konsistenz geachtet werden. Der Benutzer muß den Eindruck haben, es handele sich hierbei lediglich um Variationen ein und derselben Benutzerschnittstelle. Dem Benutzer muß außerdem intuitiv verständlich sein bzw. mitgeteilt werden, welche Bereiche des Bildschirms die Benutzerschnittstelle überhaupt darstellen.

Im folgenden wird nun für jede Art von Seite eine konkrete Realisierung beschrieben, so wie sie im Lernsystem Netzplantechnik Verwendung finden wird. Dabei ist zu bemerken, daß auf einzelnen Seiten noch weitere Dialogkomponenten enthalten sein können, die vom Inhalt dieser Seiten abhängig sind. Hier werden allerdings nur die Benutzerschnittstellen beschrieben, die seitenunabhängig sind.

4.5.1 Benutzerschnittstelle des Intros

Das Intro ist nichts weiter als die Titelseite des Lernsystems. Die Navigation gestaltet sich hier sehr einfach. Man benötigt lediglich Schaltflächen, um weiter vorwärts zu blättern, das Lernsystem zu verlassen, allgemeine Informationen über das Lernsystem zu erhalten und um eine Hilfefunktion zu aktivieren. Des weiteren ermöglichen die Schaltflächen dem Skilled Learner direkten Zugang zum Index, so daß er schneller auf die von ihm gesuchten Daten zugreifen kann (vgl. Abb. 16).

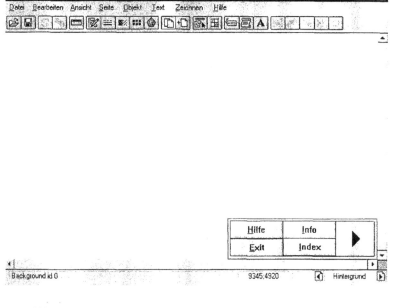

Abb. 16: Benutzerschnittstelle des Intros

Alle Dialogelemente wurden unten rechts in einer kompakten Weise angeordnet, so daß der Benutzer seine Interaktionsmöglichkeiten sofort erkennen kann und außerdem noch genügend Freiraum für den eigentlichen Seiteninhalt übrig bleibt.

Irgendwelche Möglichkeiten anzubieten, die die Orientierung unterstützen, sind bei einem Intro nicht erforderlich, da davon ausgegangen werden kann, daß der Benutzer sich bewußt ist, erst am Anfang eines Lernprogrammes zu stehen.

4.5.2 Benutzerschnittstelle der Gesamtübersicht

Die Gesamtübersicht bietet eine komfortable Auswahl an Navigations- und Orientierungsmöglichkeiten. Hier erfolgt nun der Einstieg ins eigentliche Lernsystem.

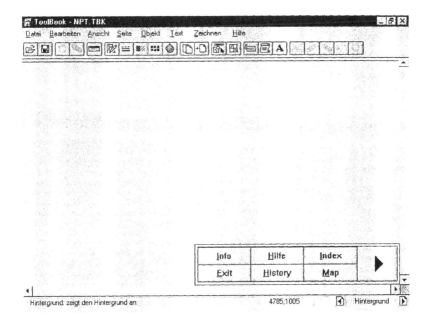

Abb. 17: Benutzerschnittstelle der Gesamtübersicht

Es besteht eine direkte Zugriffsmöglichkeit zur Index-Seite und zur Map-Seite, um gezielt auf eine bestimmte Seite des Lernsystems verzweigen zu können. Mit der Pfeil-nach-rechts-Taste gelangt man hier linear durch das Lernsystem. Auch die Info- und die Hilfe-Seiten können zur Beantwortung allgemeiner Fragen zum Lernsystem erreicht werden. Daneben hat der Benutzer die Möglichkeit, das Lernsystem zu beenden oder sich mit der Schaltfläche History den bisherigen Weg durch das Lernsystem anzeigen zu lassen (vgl. Abb. 17).

4.5.3 Benutzerschnittstelle der Kapitelübersicht

Die Kapitelübersicht leitet jedes Kapitel des Lernsystems ein. Im Vergleich zur Gesamtübersicht wurde sie lediglich um zwei weitere Schaltflächen erweitert. Nämlich um die Schaltfläche Gesamtübersicht und die Pfeil-nach-links-Taste (vgl. Abb. 18).

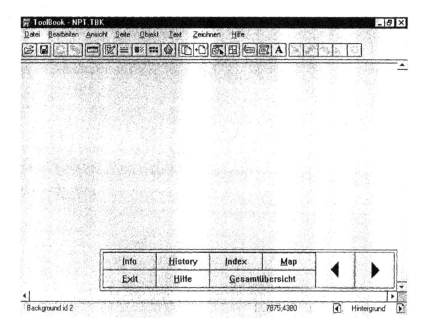

Abb. 18: Benutzerschnittstelle der Kapitelübersicht

Die Schaltfläche Gesamtübersicht ermöglicht es dem Benutzer direkt zur Gesamtübersicht des Lernsystems zu verzweigen, wenn er z.B. von dort aus in einem anderen Kapitel weiterarbeiten möchte.

Die Pfeil-nach-links-Taste führt zur letzten Seite des vorherigen Kapitels zurück, oder im Falle des ersten Kapitels, zur Gesamtübersicht. So bleibt für den Benutzer die Vorstellung eines linearen Aufbaus des gesamten Lernsystems, in dem man vor- und zurückblättern kann, jederzeit bestehen. Die Assoziation mit einem Buch soll weitestgehend aufrechterhalten bleiben damit der Benutzer nicht mit unnötig komplexen Zusammenhängen konfrontiert wird.

4.5.4 Benutzerschnittstelle einer normalen Seite

Die Benutzerschnittstelle jeder normalen Seite des Lernsystems besitzt gegenüber der Kapitelübersicht noch eine zusätzliche Schaltfläche, mit der Bezeichnung Kapitelübersicht (vgl. Abb.19).

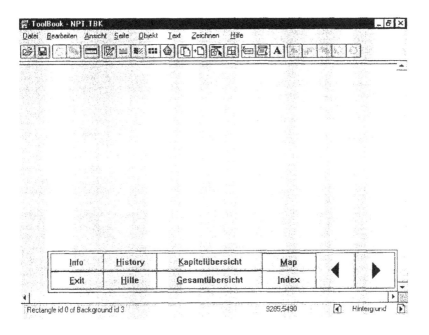

Abb. 19: Benutzerschnittstelle einer normalen Seite

Bei Betätigung der Schaltfläche Kapitelübersicht wird zur Kapitelübersicht des
jeweiligen Kapitels verzweigt.

Jedes Kapitel stellt eine Guided Tour dar, durch die sich der Benutzer einfach mit
den Pfeiltasten bewegen kann.

4.5.5 Benutzerschnittstelle der Index-Seite

Die Benutzerschnittstelle der Index-Seite bietet Schaltflächen für die Hilfe-, die Info- und die Map-Seiten. Außerdem gibt es noch eine Schaltfläche Zurück und eine Pfeil-nach-links-Taste (vgl. Abb. 20).

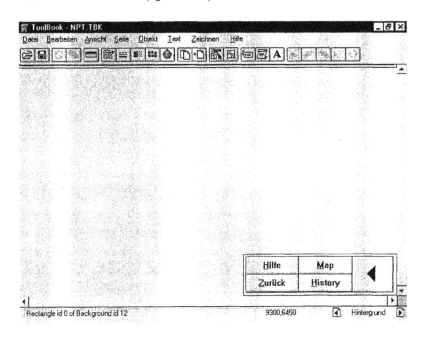

Abb. 20: Benutzerschnittstelle der Index-Seite

Die Schaltfläche Zurück sowie die Pfeil-nach-links-Taste erfüllen dieselbe Funktion. Man gelangt damit unmittelbar zu der Seite zurück, von der aus man die Index-Seite aufgerufen hat.

Das doppelte Vorhandensein, dieser Funktion liegt darin begründet, daß einerseits die Vorstellung des Zurückblätterns aufrechterhalten werden soll, aber andererseits auch der Assoziation "zurück zum Ursprung" - hier ist die ursprüngliche oder aufrufende Seite gemeint - Rechnung getragen werden muß, da sich die Index-Seite außerhalb der Guided-Tour befindet.

4.5.6 Benutzerschnittstelle der Map

Bei der Map sind zwei verschiedene Benutzerschnittstellen erforderlich. Erstens eine für die Haupt-Map, auf der nicht einzelne Seiten, sondern nur die Kapitel-überschriften ausgewählt werden können, die zweite für die Teil-Maps, die den Inhalt jedes einzelnen Kapitels wiedergeben.

4.5.6.1 Benutzerschnittstelle der Gesamt-Map

Die Benutzerschnittstelle der Gesamt-Map ist mit der Benutzerschittstelle der Index-Seite bis auf den Punkt, daß die Schaltfläche Map durch die Schaltfläche Index ersetzt wurde, identisch (vgl. Abb. 21).

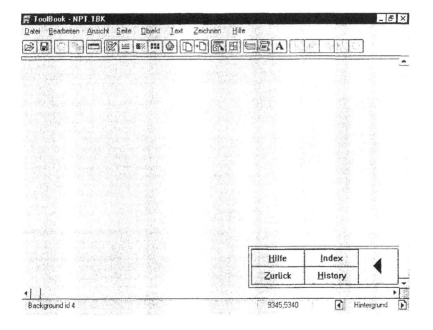

Abb. 21: Benutzerschnittstelle der Gesamt-Map

4.5.6.2 Benutzerschnittstelle einer Teil-Map

Die Benutzerschnittstelle der Teil-Map enthält im Unterschied zur Benutzer-schnittstelle der Gesamt-Map noch eine zusätzliche Pfeil-nach-oben-Taste (vgl. Abb. 22).

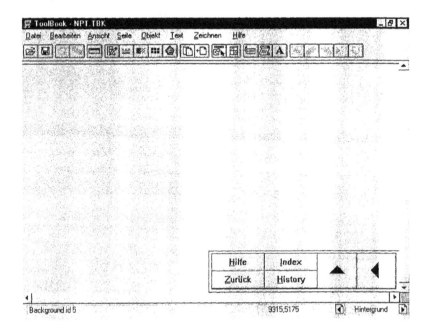

Abb. 22: Benutzerschnittstelle einer Teil-Map

Mit der Pfeil-nach-oben-Taste kann man auf die hierarchisch übergeordnete Gesamt-Map wechseln. Dem Benutzer wird so mitgeteilt, daß die einzelnen Kapitel zwar linear aufgebaut sind, das gesamte Lernsystem aber durchaus hier-archisch gegliedert ist.

4.5.7 Benutzerschnittstelle der Hilfe-Seiten

Die Hilfe-Seiten stellen ein kleines und einfaches Hypertext- System dar. Sie enthalten zwei unterschiedliche Benutzerschnittstellen, die ein einfaches Bewegen durch die Hilfe-Seiten sowie eine effektive Verknüpfung mit dem eigentlichen Lernsystem ermöglichen.

4.5.7.1 Benutzerschnittstelle der Hilfeübersichts-Seite

Die Benutzerschnittstelle enthält in diesem Fall Schaltflächen zum Vor- und Zurück-Blättern innerhalb der Hilfe-Seiten. Außerdem kann man die Info-Seite aufrufen und mit Hilfe der Schaltfläche Zurück zum Lernsystem zurückkehren (vgl. Abb. 23).

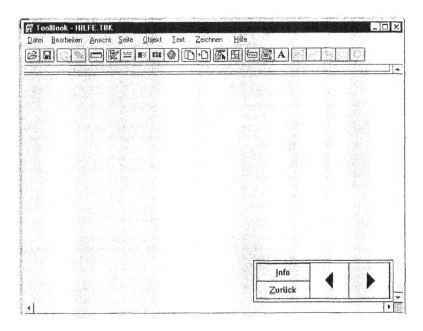

Abb. 23: Benutzerschnittstelle der Hilfeübersichts-Seite

4.5.7.2 Benutzerschnittstelle einer normalen Hilfe-Seite

Die Benutzerschnittstelle einer normalen Hilfe-Seite unterscheidet sich von der Hilfeübersichts-Seite dadurch, daß sie statt der Schaltfläche Info, eine Schaltfläche Inhalt besitzt (vgl. Abb. 24).

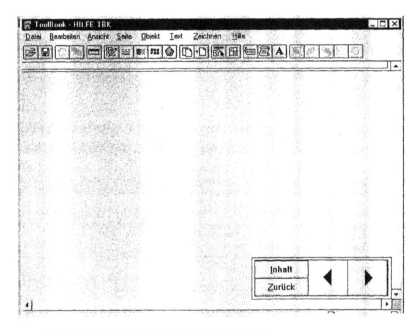

Abb. 24. Benutzerschnittstelle einer normalen Hilfe-Seite

Die Schaltfläche Inhalt führt hier zur Inhaltsübersicht der Hilfe-Seiten zurück.

4.5.8 Benutzerschnittstelle der Info-Seite

Die Navigations- und Orientierungsmöglichkeiten auf der Info-Seite sind eher beschränkt. Es gibt lediglich zwei Möglichkeiten, entweder zurück zu verzweigen oder die Hilfe-Seiten aufzurufen (vgl. Abb. 25).

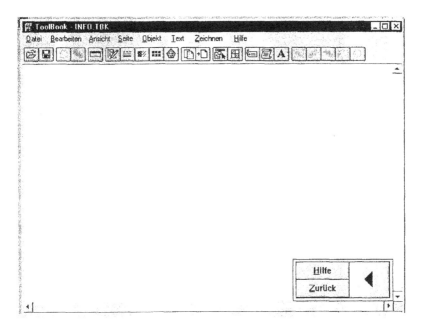

Abb. 25: Benutzerschnittstelle der Info-Seite

Die sparsame Ausstattung der Benutzerschnittstelle läßt sich damit erklären, daß es unwahrscheinlich ist, daß jemand zur Info-Seite verzweigt, um sich von hier aus neu im Lernsystem zu orientieren.

56

4.6 Seitenlayout

Das Seitenlayout wurde so gestaltet, daß sich der Benutzer auf jeder Seiten-Art sehr schnell zurechtfinden kann. Das wurde durch eine klare Strukturierung des Bildschirms erreicht. Im oberen Bereich befindet sich der Informationsbereich, der über Seiten-Art und Inhalt Aufschluß gibt. Im mittleren Bereich befindet sich dann der eigentliche Inhalt der Seite und im unteren Bereich sind, wie aus dem vorherigen Kapitel schon bekannt, alle Schaltflächen für die Navigations- und Orientierungsfunktionen angeordnet (vgl. Abb. 26). Alle Elemente im mittleren Teil des Bildschirms, die eventuell einer Erläuterung bedürfen oder eine Aktion auslösen, sind rot dargestellt. Diese farbliche Codierung, ist sie einmal dem Benutzer bekannt, kann sehr vielseitig eingesetzt werden (in Texten, in Graphen, auf zusätzlichen Schaltflächen o.ä.).

Abb. 26: Allgemeines Seiten-Layout

4.6.1 Layout der Intro-Seite

Das Layout der Intro-Seite weicht als einziges vom ansonsten für das ganze Lernsystem verbindlichen Prinzip der Dreiteilung (Information, Inhalt, Navi- gation und Orientierung) ab. Der Grund dafür ist, daß die Intro-Seite möglichst plakativ Interesse für das Lernsystem erwecken soll, was hier in Form eines ansprechenden Bildes versucht wird (vgl. Abb. 27).

Abb. 27: Layout der Intro-Seite

4.6.2 Layout der Gesamtübersicht

Das Layout der Gesamtübersicht zeigt die typische Dreiteilung, die für das ganze Lernsystems verbindlich ist (vgl. Abb. 28).

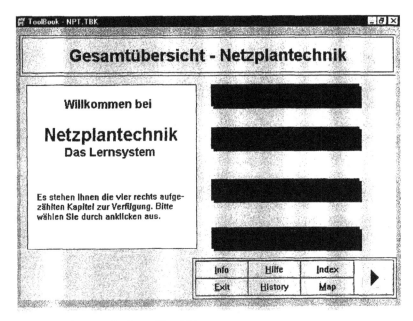

Abb. 28: Layout der Gesamtübersicht

Deutlich zu erkennen ist auch das Prinzip der Zweiteilung des Inhaltsbereichs der Seite in einen linken und einen rechten Abschnitt. Damit sollen einerseits zu langgezogene Textzeilen vermieden werden, die sich nur schwer lesen lassen (vgl. mehrspaltige Artikel in z.B. Tageszeitungen), und andererseits soll auch eine klare Abgrenzung von Text und Grafik erreicht werden.

Die roten Bereiche auf dem Inhaltsbereich der Seite zeigen hier bei Berührung mit dem Mauszeiger den Inhalt des jeweiligen Kapitels an und verzweigen beim Anklicken mit der Maus zur jeweiligen Kapitelübersicht.

4.6.3 Layout einer Kapitelübersicht

Die Kapitelübersicht hat die Aufgabe, das Kapitel möglichst kurz und umfassend zu beschreiben. Dazu wurde im Informationsbereich des Bildschirms einerseits durch das Wort Kapitelübersicht klargestellt, daß es sich um eine solche handelt, und andererseits durch den Titel des Kapitels verdeutlicht, um welches Kapitel es sich handelt (vgl. Abb. 29).

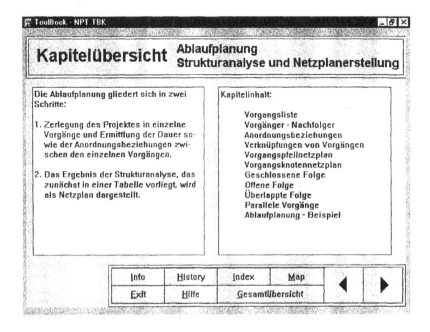

Abb. 29: Layout einer Kapitelübersicht

Der linke Abschnitt des Inhaltsbereichs informiert kurz über den Inhalt des Kapitels, der rechte Abschnitt enthält eine ausführliche Liste aller in diesem Kapitel enthaltenen Seiten.

4.6.4 Layout einer normalen Seite

Der Informationsteil einer normalen Seite besteht aus drei Elementen. Links das Kapitel, welchem die Seite zugeordnet ist, in der Mitte der Seitenname und rechts die aktuelle Seitennummer im Kapitel."5/14" bedeutet, das Kapitel Ablauf-planung besteht aus 14 Seiten und die Seite mit dem Namen "Vorgangspfeil-netzplan I" ist die fünfte davon.

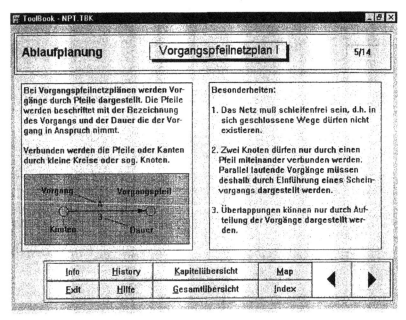

Abb. 30: Layout einer normalen Seite

Die optische Trennung zwischen Grafik und Text erfolgt hier nicht durch die Auf-teilung in einen linken und einen rechten Abschnitt, sondern durch eine farbliche Differenzierung des Hintergrunds.

Das rot geschriebene Wort "Scheinvorgang" im rechten Abschnitt ist maus-sensitiv. Bei Berührung mit dem Mauszeiger wird eine Erklärung, was ein Schein-vorgang ist, eingeblendet.

4.6.5 Layout der Index-Seite

Die Index-Seite soll wie der Index in einem Buch von bestimmten Fachbegriffen - hier Begriffe aus dem Themenbereich Netzplantechnik - sofort zu der dazuge- hörigen Seite führen. Hierzu wurden zunächst alle Index-Einträge alphabetisch sortiert und in eine Liste eingetragen.

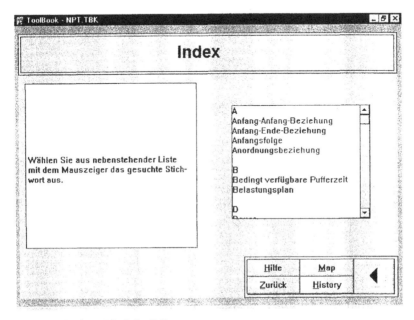

Abb. 31: Layout der Index-Seite

Der linke Abschnitt des Inhaltsbereichs enthält eine Erklärung über die Funktions- weise des Indexes, so daß auch derjenige, der zum erstenmal diese Seite aufruft weiß, wie vorzugehen ist (vgl. Abb. 31).

Da die Liste mit den Indexeinträgen nicht auf übersichtliche Weise auf einem Bildschirm abzubilden ist, wird immer nur ein kleiner Ausschnitt davon gezeigt. Um einen anderen Ausschnitt anzuzeigen, muß lediglich die Bildlaufleiste am rechten Rand des Index-Ausschnitts nach oben oder unten bewegt werden. Diese Darstellungsart hat den Vorteil, daß der Index unabhängig von seinem Umfang immer auf nur einer Seite dargestellt werden kann.

Um nun von einem Index-Eintrag zur dazugehörigen Seite zu gelangen, muß lediglich das entsprechende rote Wort mit dem Mauszeiger angeklickt werden.

4.6.6 Layout der Gesamt-Map

Die Gesamt-Map gibt einen Überblick über das gesamte Lernsystem Netzplan-technik. Durch die Anordnung der einzelnen Punkte und die Verbindungslinien soll dem Benutzer verdeutlicht werden, daß alle Kapitel gleichrangig sind und un-mittelbar von der Gesamtübersicht aus angesteuert werden können (vgl. Abb. 32).

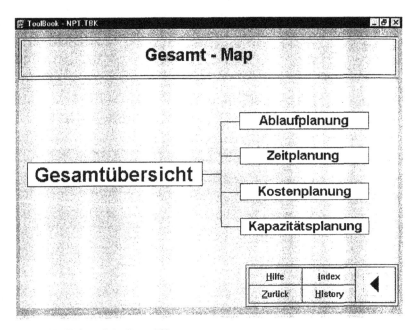

Abb. 32: Layout der Gesamt-Map

Jedes Feld auf der Map-Seite ist maussensitiv. Das bedeutet, klickt man das Feld "Gesamtübersicht" an, erfolgt eine Verzweigung zur Gesamtübersicht; klickt man einen Kapitelnamen an, so wird zur dazugehörigen Teil-Map verzweigt.

4.6.7 Layout einer Teil-Map

Im Informationsteil einer Teil-Map wird neben dem Begriff "Teil-Map" auch der Kapitelname erwähnt. Im Inhaltsbereich erfolgt dann die Darstellung der Struktur des Kapitels. Dies erfolgt in Form einer Aufzählung aller im Kapitel "Ablauf-planung" enthaltenen Seiten, deren lineare Abfolge durch entsprechende Verbindungslinien verdeutlicht wird (vgl. Abb. 33)

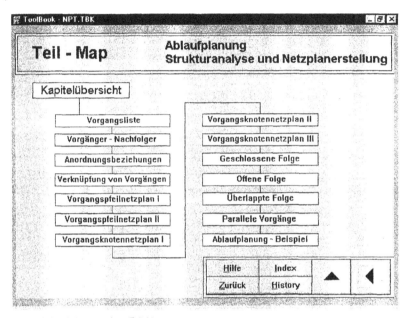

Abb. 33: Layout einer Teil-Map

Auch hier wird wie bei der Gesamt-Map durch Anklicken der Seitennamen zur jeweiligen Seite verknüpft.

4.6.8 Layout der Hilfeübersichts-Seite

Die Hilfeübersichts-Seite soll einerseits einen Überblick über die angebotenen Hilfethemen, andererseits aber auch eine schnelle Zugriffsmöglichkeit auf die einzelnen Themen bieten.

Abb. 34: Layout der Hilfeübersichts-Seite

Zu diesem Zweck enthält die Hilfeübersichts-Seite eine Liste aller Hilfethemen, die alle rot dargestellt sind. Durch diese Farbcodierung weiß der Benutzer sofort, daß er ein Thema nur mit der Maus anklicken muß, um dorthin zu gelangen.

4.6.9 Layout einer normalen Hilfe-Seite

Eine normale Hilfe-Seite enthält im Informationsbereich das Wort "Hilfe" sowie die Bezeichnung des Hilfethemas, das im Inhaltsbereich erläutert wird.

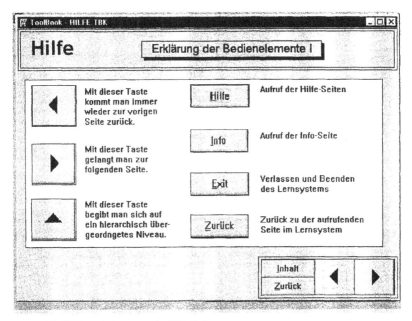

Abb. 35: Layout einer normalen Hilfe-Seite

In Abb. 35 ist das z.B. die Seite "Erklärung der Bedienelemente I" auf der ein Teil der Schaltflächen zur Navigation und Orientierung erläutert werden. Die Erklärung der restlichen Schaltflächen ist auf der unmittelbar darauffolgenden Seite "Erklärung der Bedienelemente II" zu finden.

4.6.10 Layout der Info-Seite

Die Info-Seite variiert das Prinzip der Dreiteilung des Bildschirms in der Form, daß der Informationsteil deutlich größer gewählt wurde und durch keinen Rahmen optisch beschränkt ist (vgl.Abb. 36).

Abb. 36: Layout der Info-Seite

Der Name "Netzplantechnik - Das Lernsystem" ist durch seine hervorgehobene Größe und blaue Farbe ein deutlicher Blickfang und führt den Blick sehr schnell zu den darunter stehenden allgemeinen Informationen über das Lernsystem.

4.7 Hard- und Softwarebedarf

Der Hard- und Softwarebedarf zur Realisierung und zum Einsatz des Lernsystems Netzplantechnik richtet sich im wesentlichen nach den Gegebenheiten des späteren Einsatzortes, in diesem Fall der Fachhochschule Fulda.

4.7.1 Hardware

Die Hardware ist abhängig von der eingesetzten Software und umgekehrt. Für einen reibungslosen Einsatz des Lernsystems ist aber folgende Minimalausstattung erforderlich:

- min. 4 MB Hauptspeicher (besser 8 MB)

- 14 Zoll Monitor

- VGA-Grafikkarte

- PC mit 80386 SX-Prozessor mit 20 MHz Taktfrequenz

- Maus

4.7.2 Software

Zur Realisierung des Lernsystems wird das Autorensystem ASYMETRIX TOOLBOOK 3.0 (im folgenden nur noch als TOOLBOOK bezeichnet) verwendet. Dieses setzt als Betriebssystem mindestens MS-DOS 3.1 und mindestens MS-WINDOWS 3.1 voraus.

TOOLBOOK unterstützt die Entwicklung eines Lernsystems durch bereits vorhandene Elemente, wie z.B. die History-Funktion oder bietet grundsätzlich die Möglichkeit fehlende Elemente, wie z.B. den Index zu realisieren.

Die Einarbeitungszeit in das teilweise objektorientierte TOOLBOOK ist als gering zu beurteilen, da in der TOOLBOOK-Welt alles als Objekt aufgefaßt wird und die Bedienung der verschiedenen Elemente sehr ähnlich ist.

Bei der Arbeit mit TOOLBOOK kommt die Maus sehr häufig zum Einsatz. Mit Paste-and-Copy erspart man sich außerdem das wiederholte Erstellen gleicher oder ähnlicher Seiten bzw. Seitenelemente. Zur Realisierung komplexerer Funktionalitäten steht darüber hinaus noch die Programmiersprache OpenScript zur Verfügung, die eine Mischung aus modifiziertem BASIC-Dialekt und der englischen Sprache darstellt (siehe Anhang OpenScript Code-Beispiele).

Die Aktualisierung und Erweiterbarkeit von mit TOOLBOOK erstellten Lernsystemen ist auch gewährleistet, da jederzeit vom Leser-Modus in den sogenannten Autoren-Modus umgeschaltet werden kann.

Das Autorensystem TOOLBOOK stellt somit auch eine für die Zukunft geeignete Basis für ein bereits heute entwickeltes Lernsystem dar.

4.8 Lernstoffaufbereitung

Der Lernstoff, den das Lernsystem enthalten soll, wurde in Kapitel 3 ausführlich vorgestellt. Es geht nun darum ihn in eine geeignete Form zu überführen, so daß er im Lernsystem seitenweise präsentiert werden kann.

4.8.1 Neustrukturierung

Die Neustrukturierung umfaßt das Anpassen an das Bildschirmformat und die Anreicherung mit Beispielen und Übungen, die das Verstehen des Stoffs verbessern helfen sollen. Exemplarisch soll dies nun am Kapitel Kostenplanung und an ein einer Übung für Vorgangspfeilnetzpläne erfolgen.

Das Bildschirmformat zwingt zu einer Aufteilung und Strukturierung des Kapitels Kostenplanung in folgende fünf Bereiche:

1) Einführung Kostenrechnung
2) Beispiel Kostenrechnung I
3) Beispiel Kostenrechnung II
4) Zinsersparnis
5) Kostensteigerungsrate

Wichtig ist dabei, daß der Inhalt des Kapitels Kostenplanung vollständig wiedergegeben, aber nicht nur einfach abgeschrieben wird, sondern vielmehr in eine Hypertext-Struktur eingebettet und um die Darstellungsmöglichkeiten erweitert wird, die gedruckter Text nie haben kann.

4.8.1.1 Seite "Einführung Kostenplanung"

Die Seite "Einführung Kostenplanung" begründet die Notwendigkeit der Kostenplanung im Zusammenhang mit Netzplänen und Projekten. Sie führt die Begriffe
linksorientierte Einplanung, rechsorientierte Einplanung, Plan-Kosten und Ist-
Kosten ein. Und weist auf die Problematik hin, sich entweder für die frühestmögliche Einplanung (hier steht die Einhaltung des Fertigstellungstermins im
Vordergrund) oder spätestmögliche Einplanung (hier steht die Zinsersparnis im
Vordergrund) von Vorgängen in einem Projekt, entscheiden zu müssen (vgl. Abb.
37).

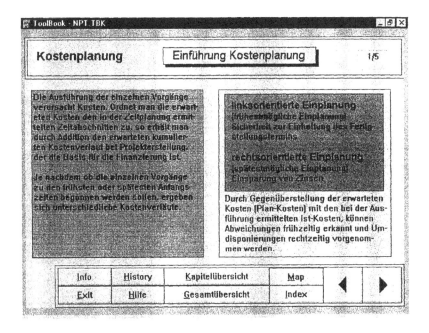

Abb. 37: Einführung Kostenplanung

Die Begriffe "linksorientierte Einplanung" und "rechtsorientierte Einplanung" so-
wie deren Erläuterung wurden farblich so hervorgehoben, daß es auf den ersten
Blick offensichtlich ist, um welche Problematik es sich auf dieser Seite handelt.
Der Rest der Seite dient lediglich der Einordnung und weitergehenden
Erläuterung der Kostenplanung, die die Frage beantworten soll, wie die einzelnen
Vorgänge im Netzplan unter Kostengesichtspunkten am besten einzuordnen sind.

4.8.1.2 Seite "Beispiel Kostenplanung I"

Um die Unterschiede zwischen frühestmöglicher und spätestmöglicher Einplanung der Vorgänge zu verdeutlichen, wird an dieser Stelle ein Beispiel eingeführt.

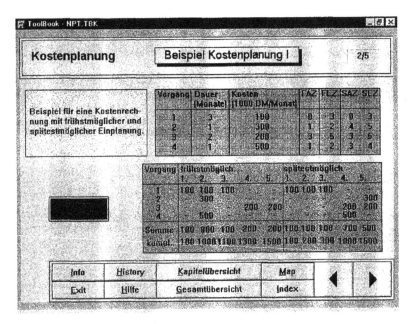

Abb. 38: Beispiel Kostenplanung I

Eine einfache Vorgangsliste mit vier Vorgängen liefert alle Daten, die zum Vergleich zwischen frühestmöglicher und spätestmöglicher Einplanung erforderlich sind (vgl. Abb. 38). Die Tabelle, in der der Vergleich stattfindet, ist ursprünglich leer. Erst durch das Betätigen der roten Schaltfläche "Demo" wird diese Tabelle zeilenweise mit ihren Werten aufgefüllt. Jedesmal wenn eine Eintragung in der Tabelle erfolgt, werden die dafür notwendigen Zahlenwerte vorher farblich markiert.

Das Auffüllen der Tabelle läßt sich beliebig oft wiederholen, so daß sich der Benutzer die Demonstration so häufig ansehen kann, bis er alle Zusammenhänge erfaßt hat.

4.8.1.3 Seite "Beispiel Kostenplanung II"

Da das Beispiel zur Kostenrechnung nicht auf einer Seite Platz gefunden hat, mußte es aufgesplittet werden. Die Seite "Beispiel Kostenrechnung II" enthält nun eine grafische Darstellung der Zahlenwerte von Seite "Beispiel Kostenrechnung I" (vgl. Abb. 39).

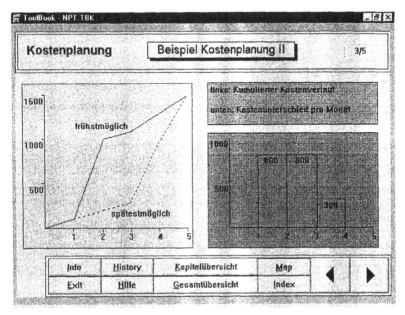

Abb. 39: Beispiel Kostenplanung II

Das linke Schaubild stellt die Verläufe der kumulierten Kosten der frühestmöglichen sowie der spätestmöglichen Einplanung dar. Die Fläche, die dabei entsteht, macht den kumulierten Kostenunterschied je Zeiteinheit deutlich.

Der Kostenunterschied je Zeiteinheit ist dann noch einmal in Form eines Balkendiagramms im rechten Schaubild dargestellt. Die dabei verwendeten Daten bilden die Grundlage für die Berechnung der Zinsersparnis zwischen spätestmöglicher und frühestmöglicher Einplanung.

Die Zinsersparnis wird auf der nächsten Seite erläutert.

4.8.1.4 Seite "Zinsersparnis"

Die Seite "Zinsersparnis" stellt einerseits die allgemeine Formel zur Berechnung der Zinsersparnis vor, und zeigt andererseits ihre Anwendung, mit den Werten der vorhergehenden Seite (vgl. Abb. 40).

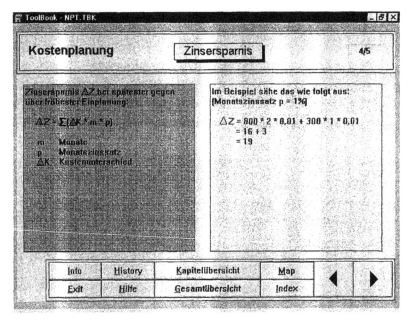

Abb. 40: Zinsersparnis

4.8.1.5 Seite "Kostensteigerungsrate"

Auf der Seite "Kostensteigerungsrate" wird die Auswirkung der Beschleunigung von Vorgängen auf die Kosten deutlich gemacht (vgl. Abb. 41).

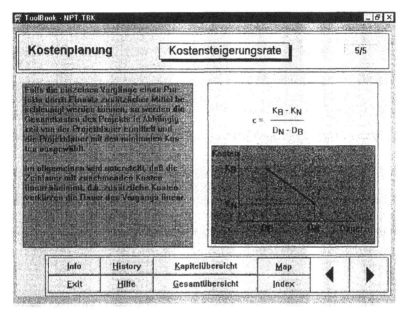

Abb. 41: Kostensteigerungsrate

Neben den verbalen Erläuterungen auf der linken Seite des Inhaltsbereichs, ist auf der rechten Seite die Formel zur Berechnung der Kostensteigerungsrate sowie eine Abbildung der Kostensteigerungskurve dargestellt.

Die Bedeutung der einzelnen Elemente der Formel zur Berechnung der Kostensteigerungsrate erhält man, indem man mit dem Mauszeiger auf das entsprechende Element zeigt. Alle fünf Elemente sind rot dargestellt und signalisieren dem Benutzer somit, daß es sich hier um einen maussensitiven Bereich handelt. Diese Form der Erläuterung der Formelelemente hat den Vorteil, daß der Bildschirmplatz nicht überladen wirkt.

4.8.1.6 Seite "Übung - Vorgangspfeilnetzplan"

Um dem Benutzer die Inhalte des Lernsystems näherzubringen, sollten auch Übungen enthalten sein, mit denen der Benutzer sein neuerworbenes Wissen sofort testen kann. Im Lernsystem Netzplantechnik sind mehrere Übungsseiten enthalten, eine davon ist in Abb. 42 dargestellt.

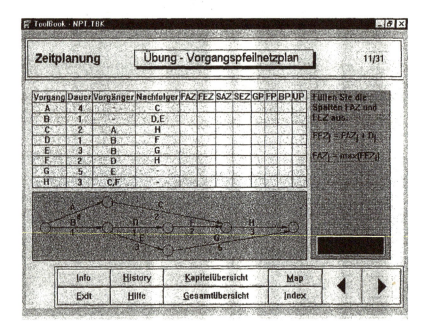

Abb. 42: Übung - Vorgangspfeilnetzplan

Auf dieser Übungsseite sind eine Tabelle, ein Schaubild sowie ein Feld mit Handlungsanweisungen und einer roten Schaltfläche "Fertig" vorzufinden. Die Tabelle enthält alle erforderlichen Informationen, die benötigt werden, um die leeren Spalten auszufüllen. Das Schaubild zeigt die einzelnen Vorgänge mit ihrer Dauer, entsprechend den Werten in der Tabelle. Das Feld mit den Handlungsanweisungen gibt Auskunft darüber, welche Spalten auszufüllen sind und welche Formeln dafür zur Verfügung stehen. Hat der Benutzer die entsprechenden Spalten ausgefüllt, dann kann er durch Betätigen der Schaltfläche "Fertig" herausfinden, ob seine Eingaben korrekt waren oder nicht.

Um zu vermeiden, daß auf den Übungsseiten nur eine einzige Aufgabe präsentiert werden kann, werden bei jedem Aufruf einer Übungsseite die Werte der Spalte "Dauer" neu festgelegt. So ergibt sich für jede Übungsseite eine große Anzahl unterschiedlicher Aufgaben, so daß das Lernsystem auch bei mehrmaligem Bearbeiten noch Neues bietet.

4.8.2 Storyboard

Alle Designrichtlinien und Vereinbarungen, die bis jetzt für das Lernsystem Netzplantechnik getroffen wurden, stellen in ihrer Gesamtheit das Storyboard dar.

Es trägt somit zu einem konsistenten Gesamterscheinungsbild des Lernsystems
Netzplantechnik bei.

Hat eine Überprüfung aller in das Storyboard aufgenommenen Richtlinien und
Vereinbarungen zu keinen Beanstandungen mehr geführt, dann steht der Implementierung nichts mehr im Wege.

4.9 Implementierung

Die Implementierung des Lernsystems Netzplantechnik mit TOOLBOOK verläuft
sehr zeitsparend, da häufig mit Paste-and-Copy gearbeitet werden kann. Selbst
im Rahmen der Programmierung mit OpenScript wirkt sich dies sehr positiv auf
den zu investierenden Zeitaufwand aus. Das durch das Storyboard festgelegte
Grundmuster einer Seite läßt sich so immer wieder kopieren. Lediglich die inhaltlichen Unterschiede bedürfen eines zusätzlichen Änderungsaufwands.

Für jede Seitenart wurde ein separater Hintergrund entworfen, auf dem vor allem
die Benutzerschnittstelle realisiert wurde. So war von vornherein ein ein-
heitliches Erscheinungsbild für jede Seitenart garantiert.

Die Elemente, die sonst noch auf jeder Seite plaziert wurden, konnten auch
häufig mehrmals verwendet werden. Aufgrund geringfügiger Modifikationen
entstand ein homogenes Erscheinungsbild, daß aber trotzdem noch eine optische
Differenzierung der einzelnen Seiten erlaubte.

Im Vergleich dazu ist die Realisierung der Seiten, die eine Demo enthalten, eher
als aufwendig zu beurteilen, denn viele Sachverhalte konnten nur durch einen
langwierigen Try-and-Error-Prozeß realisiert werden.

In diesem Zusammenhang wurde auch deutlich, daß komplexere Animationen mit
TOOLBOOK und der zur Verfügung stehenden Hardware nicht möglich sind.
Einerseits ist die Präsentationsgeschwindigkeit zu gering und andererseits
beginnen die animierten Objekte auf dem Bildschirm sehr schnell zu flackern, was
keinem Benutzer zugemutet werden kann.

4.10 Test

Beim Testen wurden dann allerdings die Nachteile der häufigen Verwendung von Paste-and-Copy sichtbar. Ein Fehler im Grundmuster einer Seite, trat dann auch auf allen kopierten Seiten auf.

Der Test wurde folgendermaßen durchgeführt:

- Überprüfung aller Hyper-Links

  Das bedeutet, es wurde das Vorhandensein aller erforderlichen Links überprüft. Es wurde auch überprüft, ob alle Links an die richtige Stelle des Hyper-Dokuments führen und ob kein Link in eine Sackgasse führt; also in eine Situation, aus der man nicht mehr herauskommt.

- Überprüfung aller Seiten im Hypertext-Dokument

  Diese Überprüfung galt vor allem dem Layout, Tippfehlern etc.

- Überprüfung aller Funktionen

  Hier wurden sämtliche Komponenten der Benutzerschnittstellen, sowie alle Seiten, die z.B. eine Demo enthalten, getestet.

- Überprüfung der Logik des Lernsystems

  Hier wurde der logische Zusammenhang der einzelnen Seiten überprüft.

- Überprüfung auf Vollständigkeit und Widerspruchsfreiheit

  Die Vollständigkeit wurde durch einen inhaltlichen Vergleich mit Kapitel 3 festgestellt. Beim Test der Widerspruchsfreiheit, wurden alle Seiten noch einmal unter dem Gesichtspunkt durchgegangen, ob ihr Inhalt auch dann korrekt bleibt, wenn die Seiten in beliebiger Reihenfolge aufgerufen werden.

5 Fazit

5.1 Einschätzung der Konzeption

Bei der Validierung wurden die Stärken der Konzeption deutlich. Bevor man mit der Implementierung beginnt, werden erst einmal alle erforderlichen Richtlinien und Vereinbarungen formuliert. Diese Richtlinien und Vereinbarungen führen zu einem konsistenten Design beim Seiten-Layout, beim Kapitelaufbau und bei den Navigations- und Orientierungswerkzeugen, die für das ganze Lernsystem verbindlich sind.

Das Lernsystem Netzplantechnik demonstriert eindrucksvoll, daß eine ständige Orientierung innerhalb einer Hypertext-Struktur möglich ist.

Die Validierung hat gezeigt, daß die Konzeption alle Gesichtspunkte die zur Realisierung eines komfortablen Lernsystems erforderlich sind, berücksichtigt. Diese Gesichtspunkte wurden dabei in geeigneter Reihenfolge angeordnet. Andererseits ist die Konzeption aber so flexibel gestaltet, daß sie nicht zu einheitlichen Lernsystemen führt. So hat jeder Hypertext-Autor die Möglichkeit, seine Kreativität und Fantasie einzubringen.

Die Konzeption erfüllt damit die Anforderung, jedem Hypertext-Autor eine Grundlage für den systematischen Entwurf eines Lernsystems an die Hand zu geben, ohne ihm dabei Vorschriften zu machen, was richtig oder was falsch ist.

Deutliche Grenzen bei der Umsetzung des Lernsystems wurden jedoch durch TOOLBOOK gesetzt. Die Möglichkeit, Animationen in annehmbarer Qualität zu produzieren, ist eingeschränkt und läßt einiges zu wünschen übrig. Gerade im naturwissenschaftlich-technischen, mathematischen oder wirtschaftswissenschaftlichen Bereich ließen sich damit viele Zusammenhänge besonders anschaulich darstellen. Auch die Programmiersprache OpenScript ist nicht optimal auf das Zusammenspiel mit den anderen Komponenten von TOOLBOOK abgestimmt. So ist z.B. die Positionierung von Objekten auf dem Bildschirm mit OpenScript möglich, die Positionskoordinaten aber exakt herauszufinden, kann nur mit Try-and-Error bewerkstelligt werden.

Insgesamt kann gesagt werden, TOOLBOOK stellt grundsätzlich eine geeignete Plattform für ein Hypertext-Lernsystem dar, bietet aber nicht immer optimale Möglichkeiten zur Realisierung an.

5.2 Ausblick

Da schon heute in immer größerem Umfang erschwingliche Hard- und Software für den Einsatz von multimedialen Anwendungen zur Verfügung steht, werden auch Hyper-Dokumente immer mehr diesem Trend folgen. Ton, Animation und Video bieten die Möglichkeit, Wissen noch anschaulicher darzustellen. Grundsätze und Hinweise für den sinnvollen Einsatz dieser Medien zeichnen sich im Augenblick noch nicht ab, werden aber in Zukunft erforderlich sein, um unnötige Effekthascherei zu vermeiden.

Der Einsatz computerbasierter Lernsysteme wird in Zukunft rapide zunehmen, da die Aneignung neuen Wissens, in einer sich immer schneller verändernden Zeit, mit bisherigen Lernformen nicht bewältigen läßt. Vorstellbar ist z.B. Lernstoff überhaupt nicht mehr erst einem langwierigen und teuren Druck- und Vervielfältigungsprozeß zu unterwerfen, da der Inhalt schon häufig beim Erscheinen veraltet ist. Statt dessen kann der Lernstoff z.B. über das Internet zugänglich gemacht werden. Das hätte folgende Vorteile:

- ständige Verfügbarkeit des Lernstoffs, unabhängig von Zeit und Ort

- hoher Aktualitätsgrad möglich, da keine Zeit für Druck und Vervielfältigung notwendig ist

- Veranschaulichung der Lerninhalte durch Animation, Ton und Video

- ideale Voraussetzungen für ein Selbststudium

Literaturverzeichnis

BODENDORF, Freimut — *Computer in der fachlichen und universitären Ausbildung* Handbuch der Informatik, Bd. 15.1 R. Oldenbourg-Verlag, München Wien, 1990

DROSDOWSKI, Günther (Hrsg.) — *DUDEN Fremdwörterbuch* Bibliothekarisches Institut, Dudenverlag, Mannheim Wien Zürich, 1982

EDWARDS, D. M., HARDMANN, L. — *Lost in Hyperspace* Cognitive mapping and navigation in a hypertext environment, aus: Hypertext: Theory into practice, Ablex Publishing Corporation, 1989

FUCHS, Gerhard — *Studienskript "Dialog-Anwendungen Teil I"* Fachhochschule Fulda, Fachbereich Angewandte Informatik und Mathematik, SS 94

FUCHS, Gerhard — *Studienskript "Dialog-Anwendungen Teil II"* Fachhochschule Fulda, Fachbereich Angewandte Informatik und Mathematik, 1995

GLOOR, Peter A. — *Hypermedia - Anwendungsentwicklung* Eine Einführung mit HyperCard-Beispielen B. G. Teubner, Stuttgart, 1990

GLOWALLA, Ullrich, HASEBROOK, Joachim — *An Evaluation Model Based on Experimental Methods Applied to the Design of Hypermedia User Interfaces* aus: Designing User Interfaces for Hypermedia, Springer-Verlag, Berlin Heidelberg New York, 1995

HASEBROOK, Joachim — *Multimedia-Psychologie* Spektrum Akademischer Verlag, Heidelberg 1995

LOVE, S. J — *Design techniques for Ensuring Structure and Flexibility in a Hypermedia Environment* aus: Multimedia Review, 1991

MEUSEL, Klaus,
ECKEMEYER, Klaus,
KOSLOWSKI, Thomas

Facing Technical Documentation with Hypertext: Reflections on the Systematic Design, Construction and Presentation
aus: Designing User Interfaces for Hypermedia, Springer-Verlag, Berlin Heidelberg New York, 1995

NEUMANN, Klaus

Operations Research Verfahren Band III
Graphentheorie Netzplantechnik
Carl Hanser Verlag, München Wien, 1975

SCHÄR, Sissel G.

The influence of the user interface on solving well- and ill-defined problems
aus: Human - Computer Studies, Academic Press Limited, 1996

SCHLÄGER, Uwe

Interaktionsebenen-Modell für Dialogsysteme
Ein anwendungs- und arbeitsorientierter Ansatz zur software-ergonomischen Gestaltung von Bürosystemen,
Europäischer Verlag der Wissenschaften, 1994

SCHRÄDER-NAEF, Regula D.

Rationeller Lernen lernen
Beltz Verlag, Weinheim Basel, 1988

SCHWARZE, Jochen

Netzplantechnik
Eine Einführung in das Projektmanagement
Verlag Neue Wirtschafts-Briefe, Herne Berlin, 1994

TARASZOW, Oleg

Studienskript "Netzplantechnik"
Fachhochschule Fulda, Fachbereich Angewandte Informatik und Mathematik, September 1995

VÄÄNÄNEN, Kaisa

Methaphor-based User Interfaces for Hyperspaces
aus: Designing User Interfaces for Hypermedia, Springer-Verlag, Berlin Heidelberg New York, 1995

ZEIDLER, Alfred,
ZELLNER, Rudolf

Software-Ergonomie
Techniken der Dialoggestaltung
R. Oldenbourg-Verlag, München Wien, 1992

Abbildungsverzeichnis

Tabellenverzeichnis

OpenScript Code-Beispiele

Code-Beispiel 1

Diese beiden Routinen sind dafür verantwortlich, daß bei dem roten, maussensitiven Wort "Nachfolger" bei einer Berührung mit dem Mauszeiger eine Erklärung angezeigt wird und diese, wenn der Mauszeiger das Wort wieder verläßt, gelöscht wird.

```
to handle mouseenter
     show group "Nachfolger" of this page
end

to handle mouseleave
     hide group "Nachfolger" of this page
end
```

Code-Beispiel 2

Dieses Code-Fragment steht am Anfang einer Demonstrations-Routine. Es ist dafür verantwortlich, die aktuelle Seite so vorzubereiten, daß die Demonstration beginnen kann. Würde dieses Code-Fragment fehlen, dann könnte die dazugehörige Demonstration nur einmal ablaufen, was den Benutzer sicherlich nicht zufriedenstellen würde.

```
syslockscreen = true
step i from 1 to 9
     hide ellipse (i) of this page
end
step i from 1 to 22
     hide field (i) of this page
end
step i from 1 to 10
     hide line (i) of this page
end
hide angledline (1) of this page
hide field "balken" of this page
move field "balken" to 165,1670
syslockscreen = false
```

Code-Beispiel 3

Diese Routine garantiert, daß wenn auf der Seite "Geschlossene Folge" die "Endfolge" ausgewählt wurde, erstens alle anderen Folgen nicht ausgewählt sind und zweitens nur die Endfolge angezeigt wird.

```
to handle buttonClick
    if checked of button "Endfolge"
        checked of button "Anfangsfolge" = false
        checked of button "Normalfolge" = false
        checked of button "Sprungfolge" = false
        hide group "Anfangsfolge" of this page
        hide group "Normalfolge" of this page
        hide group "Sprungfolge" of this page
        show group "Endfolge" of this page
    end if
end
```

Code-Beispiel 4

Diese Routine ist dafür verantwortlich, die Balken auf der Seite "Einführung Zeitplanung" hin und her zu bewegen. Sie wird solange wiederholt, wie diese Seite angezeigt wird.

```
to handle idle
    system i

    step i from 1 to 20
        pause .4 seconds
        move rectangle (1) by 20,0
        move rectangle (3) by -9,0
        move rectangle (5) by 15,0
    end

    step i from 1 to 20
        pause .4 seconds
        move rectangle (1) by -20,0
        move rectangle (3) by 9,0
        move rectangle (5) by -15,0
    end
end
```

Erklärung

Gemäß §20 der Prüfungsordnung vom 10.05.1989 des Fachbereichs Angewandte Informatik und Mathematik der Fachhochschule Fulda versichere ich, daß ich diese Arbeit selbständig ausgeführt und keine anderen als die genannten Hilfsmittel verwendet habe.

Diese Arbeit hat in gleicher oder ähnlicher Form noch keiner anderen Prüfungsbehörde vorgelegen.

Fulda, im Mai 1996

_____

Jürgen Reimold

Diplomarbeiten Agentur

Die Diplomarbeiten Agentur vermarktet seit 1996 erfolgreich
Wirtschaftsstudien, Diplomarbeiten, Magisterarbeiten, Dissertationen
und andere Studienabschlußarbeiten aller Fachbereiche und Hochschulen.

Seriosität, Professionalität und Exklusivität prägen unsere Leistungen:

- Kostenlose Aufnahme der Arbeiten in unser Lieferprogramm
- Faire Beteiligung an den Verkaufserlösen
- Autorinnen und Autoren können den Verkaufspreis selber festlegen
- Effizientes Marketing über viele Distributionskanäle
- Präsenz im Internet unter **http://www.diplom.de**
- Umfangreiches Angebot von mehreren tausend Arbeiten
- Großer Bekanntheitsgrad durch Fernsehen, Hörfunk und Printmedien

Setzen Sie sich mit uns in Verbindung:

Diplomarbeiten Agentur
Dipl. Kfm. Dipl. Hdl. Björn Bedey —
Dipl. Wi.-Ing. Martin Haschke ——
und Guido Meyer GbR ————

Hermannstal 119 k ————
22119 Hamburg ————

Fon: 040 / 655 99 20 ————
Fax: 040 / 655 99 222 ————

agentur@diplom.de ————
www.diplom.de ————

Diplomarbeiten Agentur

www.diplom.de

- **Online-Katalog**
  mit mehreren tausend Studien

- **Online-Suchmaschine**
  für die individuelle Recherche

- **Online-Inhaltsangaben**
  zu jeder Studie kostenlos einsehbar

- **Online-Bestellfunktion**
  damit keine Zeit verloren geht

**Wissensquellen
gewinnbringend nutzen.**

**Wettbewerbsvorteile
kostengünstig verschaffen.**